TIGAO XUESHENG XUEXI NENGLI DE JIAOYU FANGFA TANJIU

提高学生学习能力的教育方法探究

［日］中岛恒雄／著

汪　宇／译

華中師範大學出版社

新出图证(鄂)字10号

图书在版编目(CIP)数据

提高学生学习能力的教育方法探究 /（日）中岛恒雄著;汪宇译.—武汉：华中师范大学出版社，2023.12(2024.5重印)

ISBN 978-7-5769-0088-0

Ⅰ.①提… Ⅱ.①中… ②汪… Ⅲ.①学习能力—教育研究 Ⅳ.①G442

中国国家版本馆CIP数据核字(2023)第045315号

本书日语原版2000年1月由日本Minerva书房出版

提高学生学习能力的教育方法探究

编辑室:第七分社 **电话**:027-67867370

责任编辑:张 忠 **责任校对**:罗 艺 **封面设计**:胡 灿

出版发行:华中师范大学出版社有限责任公司

社址:湖北省武汉市洪山区珞喻路152号 **邮编**:430079

销售电话:027-67863426(发行部)

网址:http://press.ccnu.edu.cn

电子信箱:press@mail.ccnu.edu.cn

印刷:湖北新华印务有限公司 **督印**:刘 敏

开本:787mm×1092mm 1/32 **印张**:9 **字数**:200千字

版次:2023年12月第1版 **印次**:2024年5月第3次印刷

定价:38.00元

欢迎上网查询、购书

序　　言

什么才是真正出色的教育？直至我读完美国纽约市福特汉姆大学研究生院的博士课程，年近不惑之时才猛然醒悟。此前在日本受到的教育，一言概之就是填鸭式教育，这种教育实在让人叹息。从小学到高中毕业，我一直都在重复机械记忆，这不仅是学校老师，也是父母的强行规定。记得小学升初中后，父亲就严格要求我去背诵广播讲座里的初级英语口语，完后再去拿起学校的英语课本反复背诵里面的内容。

即使我考入日本学习院大学[①]法学院，就读法学系的时候，学习情况依旧糟糕。教授高站讲台，手持泛黄教案，嘴里低声呢喃的，是那些年年相同、味如嚼蜡的内容。和小学、初中、高中一样，大学课堂上但凡教授点到必考之处肯定会考，于是等教授提示完考点后，我们就开始一遍遍地去背诵那些枯燥无味的考试内容。

---

① 日本学习院大学：位于日本东京丰岛区的一所著名私立大学。校名出自《论语》“学而时习之，不亦说乎”。历经明治、大正两代，日本大部分的皇室以及二战前的贵族阶级华族就读于此校，由日本宫内省管辖。

这样的学习方法最终让我对学习失去了热情，因为每位教授的出题要点都早早地成为学生的囊中之物。学生即使去上课，也只是为了记录些考试要点，其他时间则浑浑噩噩、情绪低落。大学 4 年中唯有英语会话社团和柔道社团的课外活动才让我感受到真正的快乐。

就这样，我和大多数学生一样，度过了 4 年平淡无味的大学生活，直至 37 岁那年，远赴福特汉姆大学研究生院留学，我的学习生涯才出现了转机。福特汉姆大学位于纽约市，和上智大学①同属天主教会，是美国名牌大学，与常青藤联盟学校之一的哥伦比亚大学并驾齐名。因为我在留学前有过经营学校的经验，所以在该校选修了教育行政管理学并取得了博士学位。

美国的研究生课，难度之高让人惊叹。虽然我从初一就开始苦练英语口语，大学毕业后也坚持训练，对英语颇为自负，但是赴美之后才发现教授的讲课我只能听懂片言只语，和英语母语的学生讨论问题时更是力不从心。此外，福特汉姆大学的教学进度也非同一般，每个学期都有详细的教学大纲，课程根据大纲快速展开。大纲上还记载着必须查阅的英文资料和参考书目，学生如果事先不去研读那些厚厚的英文参考书，认真总结思考，就无法在课堂上和美国学生用英语展开讨论，更不用

① 上智大学：本部位于日本东京的世界级私立大学，外语和新闻专业位居日本首位。

说回答教授的提问了。

初到美国之时，我信心顿失，苦闷不堪，但是我最终又得以奋起前行，达成求学目标。回顾留学生涯，在我陷入低谷、迷茫焦虑之际，正是美国的教育方法赋予了我前行的曙光和力量。

美国的教育根本不要求死记硬背，而是针对既定主题，让学生分析、理解、掌握、思考，推导出符合逻辑的、具有独创性的答案，对于学生而言能达到这一要求就足够了。学生可以随时翻阅参考书和资料，比如可以一边看自备的参考资料一边在课堂上发言，更可以拿着资料去参加笔试，因此根本没有必要去死记硬背。美国的教育方法，追求的是切题到位、中心明确、逻辑合理、观点新颖，要做到这一点，光靠机械背诵、单纯记忆肯定行不通。

而且，教授的指导方式也和日本截然不同。美国的教授会要求全班学生都自发参与课堂，如有学生不懂，就设法改用符合学生水平的、通俗易懂的表达方式，便于学生领会掌握。即使课后时间，教授也会耐心回答学生提问，循循善诱、反复确认，直到学生完全理解为止。小作文的指导也非常精心仔细。如果学生把写好的稿子拿去问教授，教授会告诉他哪些观点跑题了，哪些内容需要更加明确地阐述。学生捋清思路，把修改好的稿子拿给教授后，教授又会进一步加以指点，一边鼓励学生能改得更好，一边要求学生再次修改。修改、点评，再修改、再点评的过程会反复持续，直到教授满意才最后收工。总之，为达到课程大纲规定的教学标准，教授会一路耐心地等待和引导。

教授为了让全班学生都能达到规定的要求，在讲授知识的时候动足脑筋，做足功夫，并且要求学生自律自强，朝着目标奋发向上。具体教学方法体现为，让学生反复、耐心地读书、写作、发言、思考，训练学生去解决眼前的问题。在福特汉姆大学，教学的重心落在培养学生解决问题的能力上，在问题面前，要求学生拥有独创意见，能够逻辑清晰地论述解决问题的方法和步骤，这与日本学校强调的背诵式教育截然不同。

美国课堂上探究的主题都是现实社会中的真实问题，如教授自身面临的工作上的问题，或者其他现在就想解决的问题。考试的目的，也不在于淘汰学困生或排列名次，而是为了让学生反复努力，提高能力。课堂讨论的主题既切合实际、贴近生活，又至关重要，自然而然地就能让学生兴致勃勃，思索连篇。学生可以把课堂上得到的答案应用到现实生活中去，当学生看到自己想要处理的现实问题能够得到圆满解决，就会对学习产生更为浓厚的兴趣。由于这些课程与现实世界密切结合，因此很多一线教师也来教育学研究生院进修。这些教师在自身教学工作中曾经遇见过许多问题，他们不会把这些问题弃之不顾，而是选择在研究生院的课堂讨论中踊跃发问，借助其他同学和教授的智慧攻克难关。

不停歇地接受训练，探究各种贴近生活和工作的问题，再通过多种途径来解决问题。在这样的教学方式下，我每节课都绷紧了神经，保持思维敏捷，积极探索一个个问题，放学后累得头昏脑涨，筋骨瘫软。我在纽约就是这样一直奋斗了 5 年左右，其中 1 年修完硕士课程，4 年完成博士课程。当拿到教育学博士学位证书的瞬间，我整个人都呆住了，与其说是松下一口气，倒不如说是精疲力竭，浑身疲软。那时我已经心无余力，甚至连跟教授道谢的气力都提不起来了。

回到日本后，我感受到了自己飞跃式的成长与变化，心中感叹不已。在日本我曾度过散漫的大学生活，留学之前根本不懂怎么学习，也不会写条理清晰的文章。回日本后，我在自己经营的阳光学园出席教师录用考试时，被美国和日本学生之间的学习能力差距所震惊。应聘者里既有在日本各大学的研究生院攻读硕博课程的学生，也有已经在大学或大专院校兼职过多年的教师，尽管这些教师都有足够高的学历和资历，本应具有大学或研究生院标准的素养，但是在读写能力、问题的发现与解决能力等方面却显得十分稚嫩。

我切切实实地感受到了美式教育的魅力，感受到了美国研究生院毕业证书的高含金量，为此我心怀感激，同时也领悟到只有使用美国福特汉姆大学的教育方法，才能把像我这样什么都不会的人变得优秀起来。因此我开始确信，如果用同样的教育方法训练自己学校（当时是大专）的学生，他们肯定也会变得优秀。他们只不过是一群不适应应试教育的学生罢了。由于不擅长背诵，因此高考落榜，从此一生被贴上了后进生的标签。但是，美国的教育方法不要求死记硬背，而是要培养学生的读写、逻辑思维能力，这种能力不限语言，不仅英语，日语也完全可以，所以我们肯定能够让他们变成优秀的学生。

我之所以想要修订此书，是因为中国、印度、韩国等经济实力相对落后的国家近 30 年来蓬勃发展，富足强大，日渐超越日本。而日本经济近来发展迟缓，相比 30 年前，现在的人均薪资甚至出现了大幅的下降。

谈及人均薪资，韩国已反超日本，而中国近年的发展也让人耳目一新。在中国，即便是农村乡镇，主干道也修整得平坦宽阔，高速公路建设热火朝天，高楼鳞次栉比，要说中国已成为比日本更富裕的发展中国家也丝毫不为过。曾经辉煌一时的日本半导体行业如今也黯然无声，1990 年日本企业曾经占据世界半导体市场份额的 50%以上，但在近 30 年里却大幅后退。据 2023 年 1 月 Gartner 公布的全球半导体公司的排名，韩国三星电子公司销售额排名世界第一，前十名中没有一家是日本公司。总之日本现在捉襟见肘，中韩两国已经在很多领域赶超日本，近年来高速发展的印度经济也令人瞩目，估计不久就会跻身世界前列。

为何 30 年前在半导体市场份额占据世界首位，被誉为亚洲高收入国家的日本，如今却逐渐落后衰退了呢？我认为关键在于教育。落后的根本原因是教育制度发展国际化的近 30 年里，日本的教育制度没有找到正确的发展方向。譬如中国，对在美国研究生院取得博士学位的人才，政府和高校提供巨额奖金、发放安家费、安排工作，吸引了众多海归博士，为中国的发展提供了优质的人才资源。再如，印度理工学院的入学考试竞争激烈，该校毕业生出类拔萃，备受世界著名企业青睐，意欲深造的毕业生大多考入美国知名院校攻读博士学位，成为更加优秀的人才，为世界发展做出贡献。虽然每个国家的人才培育过程不尽相同，但都是通过重视教育来培育人才，这一点万变不离其宗，但是日本的大多数学生最多读到硕士，极少有人想去美国读博。

在日本“失去的30年”间，经济发展持续滞后，如果维持现状不思进取，日本终究会遭世界遗弃，成为一个落后贫穷的国家。为了扭转局面，我写下此书，希望大家能重新衡量教育的重要性，为日本的发展尽力，让日本再度向世界中心展翅高飞。

我曾介绍过主动学习法。学习不光是死记硬背，更需要自己去发现问题，解决问题，听取各种意见作为参考，最后找出最合适的答案。只有通过这种训练，才能解决未知问题，成为优秀的人才。20多年前我写下本书初稿的时候，日本几乎所有学校都把背诵作为教育的重点内容。直至2012年，日本文部科学省①才认识到主动学习的重要性，开始对外宣传，发布了一个报告，即《构筑未来实现新型高校教育的质变转换》(中央教育审议会2012年8月28日发布)。这是日本文部科学

① 文部科学省：日本中央政府的行政机构之一，负责统筹日本国内各个层面的教育、科学技术、学术、文化及体育等事务。

省第一次使用主动学习这个说法，在这之后，主动学习的理念渗透到全日本的小学、初中、高中等教育机构，为世人所接受。

最后，再次感谢 Minerva 书房的各位工作人员协助本书重新修订。

东京福祉大学创立者

教育学博士 中岛恒雄

2023 年 10 月

目　录

第一章　日本教育前沿认知意识改革的必要性 …………………… 1

一流大学的毕业生，基本学习能力为何如此低下 ………… 1

大学入学考试只不过是大型企业选拔人才的工具 ………… 3

就职大型企业就必须上顶尖大学 …………………………… 5

日本大学一考定终身，美国大学机会多样且具有柔性 …… 7

能否考上大学，要看以背诵为主的笔试成绩 ……………… 12

日本连大学上课都要求背诵 ………………………………… 14

家长望子成龙吐露真心话——“只要咱家孩子能进大学” ……………………………………………………… 15

后学历社会需要真正的学习能力 …………………………… 17

第二章　让原来学不好的学生学好 …………………………… 28

东京福祉大学及其他机构能够开发学生的潜在能力 …… 28

教师培训尤为重要 …………………………………………… 29

高等教育就是把没学好的高中生都变成优秀的大学生 … 37

写作诀窍在于把握要点，提炼特色 ………………………… 40

哈佛大学和福特汉姆大学的教学法可重塑学生头脑 …… 41

真正的教育在于培养思考能力 ……………………………… 44

把授课内容与实际生活紧密结合，这是教育的根本 …… 47
认真学习就可拿下博士学位、晋升高职 …………………… 49
客观题无法培养思考能力 ……………………………………… 52
第三章　高等教育必须改革创新、自我充实
——培养学生能力的教育体系 ……………………………… 60
高等教育从卖方市场转型买方市场 ………………………… 60
不切实际的教学内容横行课堂 ……………………………… 62
死记硬背的填鸭式应试教育无助于提升学生能力 ……… 64
忽视学生（顾客）和社会需求的大学无法生存 ………… 66
教育就是让学不好的学生学好，改变学生的学习方法 … 68
“协调学生、提高效果”的美式课堂教学法……………… 70
学生特别在意同班同学的评价 ……………………………… 71
让课堂气氛适当紧张起来的教学技巧 ……………………… 73
学生心里明白教师孰优孰劣 ………………………………… 74
基于教学参考案例的学习 …………………………………… 76
“协调学生、提升效果”的中岛式课堂教学法…………… 87
第四章　我的信念——世上没有学不好的学生 …………… 94
我本是不擅长学习的学生 …………………………………… 94
在哈佛大学做访问学者的真实情况 ………………………… 96
福特汉姆大学的留学生涯让我变得“擅长学习” ……… 101
重要的是答案的逻辑推理，而并非答案本身……………… 102
读博之路突遇难关…………………………………………… 107
艰苦奋斗迈上读博之路……………………………………… 110
苦苦熬出博士学位论文，却怎么也通不过审查………… 112

学习了，就必须改变自己，让自己变得更加优秀……… 117
哈佛大学和福特汉姆大学的教学方法，能让学不好的学生学好……………………………………………… 119
高难度考试合格者就一定优秀吗……………………… 121
倘若注重教育的平等，就无法提高学生的能力………… 124
福特汉姆大学教育学研究生院入学和毕业的必要条件………………………………………………………… 126
第五章　高校重在意识到“学生即顾客” ………………… 139
我要向顾客（学生）提供高质量的课堂……………… 139
为打磨优质课堂，教师需要学习的基本原则………… 142
为培养学生学习动机，教师要在教学方法上下苦功…… 144
美国高校的学习方法和日本企业会议的共性………… 145
培养聪慧的学生要用这样的授课技巧……………… 146
我倡导的教育指导法是如何让学生取得成功的……… 148
东京福祉大学及其他机构的教师如何指导学生……… 154
课后感受资料——中岛校长公开课听后感……………… 156
我在哈佛大学教育学研究生院做访问学者时领悟出的高效教学方法……………………………………… 157
增强教学效果需要基本的应对措施………………… 159
对学生负责的课堂管理以及授课方法……………… 163
增强教学效果、改善教学内容的重点在于课程评价…… 165
基于贝斯提克七大原则的教育……………………… 169
第六章　必须改变教师的认知 ……………………………… 175
要答出日本国家考试中的客观题就必须死记硬背……… 175

开展教师的认知改革势在必行…… 176
东京福祉大学开展的教学活动让全校学生通过国家考试…… 178
第七章　符合福祉时代需求的真正的福祉教育…… 185
社会福祉需要的不只是劳动力…… 185
福祉领域里解决问题的能力尤为重要…… 187
对福祉和看护领域资格考试中出现的判断题型，我提出质疑…… 189
附录一：关于“中国独生子女刻苦学习”的报道…… 197
附录二：东京福祉大学教育方针和课程特征…… 201
附录三：公务员相关情况…… 207
附录四：中岛总长访谈…… 213
附录五：大学如何才能存活——东京福祉大学的教学实力…… 217
附录六：东京福祉大学创立者中岛恒雄博士的成长经历及教育理念…… 233
附录七：博士学位论文封面及邮寄单…… 256
附录八：作者履历、作者创立的学校和研究机构及联系方式、作者专著…… 258
参考文献…… 262
后记…… 265
译后记…… 270

第一章
日本教育前沿认知意识改革的必要性

一流大学的毕业生，基本学习能力为何如此低下

日本的本科教育和研究生院教育相对落后，属于“发展滞后”阶段，科研水平远不及欧美。

在哈佛大学参加夏季短期研修

对于我的这番言辞，定有人会出来反驳说“不，不是的，日本的教育和学术水平在世界上是出类拔萃的”，但是我认为这种自吹自擂的想法才是错误的。

如果比较全国人均知识水平，日本的确高于美国，但说到底这只是一个均值而已。在美国，先进与落后相互混杂，既有世界顶层的知识分子，也有庞大的底层劳动人民，如果取其平均值，整体水平就会下降。因为美国是移民国家，每年都有大量贫苦的底层人群从海陆越境入美。但是如果只看顶级阶层，日本与美国相比简直是天壤之

别。美国高等教育引领世界，特别是一流大学研究生院，其科研水平位居世界前列，在美国面前，日本如同小学生仰视大学生一般。

我 37 岁那年去美国福特汉姆大学的教育学研究生院留学，用 1 年的时间完成了硕士学位课程，4 年左右时间完成了博士学位课程。拿着教育行政管理学博士学位回到日本后，在东京和名古屋的两所大专院校担任理事长兼校长。当我出席学校的教师招录考试时，发现日本的教育和学术研究非常滞后。当时的应聘者都毕业于日本一流大学的研究生院，还有常年担任大学和大专院校的非常勤讲师[①]。我以考官的身份参加了那次招录考试，最先注意到的是教师职位应聘者的学习能力和理性思维能力的欠缺。我惊讶地发现，虽然读书写作本来是大学本科生和研究生最起码的能力，但是不夸张地讲，应聘者的水平只比高中生多了层皮毛而已，和美国的高校毕业生相比近似于零。应聘者既看不懂逻辑性强的文章，也无法弄清问题所在，即使心里明白了也不能把答案整理成有独创意义的、条理清楚的语句，他们无法分析、取舍信息，无力灵活组句，明显缺乏文章的组织能力、总结能力。而且大学教师写完文章后最多只修改两三回，这样就连像样的文章也拿不出来。

对此我哑然无语。为何日本一流大学研究生院的毕业生会如此悲催？他们在本科院校、研究生院接受了怎样的高等教育呢？为了回答这个疑问，我下决心把日本的教育现状与我留美 5 年体会到的美式教育进行比较，思考日本教育的缺陷及改进

① 非常勤讲师：日本学校以外聘及临时形式聘请的教师。

方法，并借此书分享拙见。

这既是我对日本教育的思考，同时也可以揭示日本高等教育和学术研究落后的原因。

大学入学考试只不过是大型企业选拔人才的工具

要准确把握日本教育的缺陷，找出改正方法，就必须把重点放在日本教育中矛盾最为突出的地方。

回顾日本的教育，首先浮现在脑海的是日本独有的大学入学考试，虽然每个国家都会实施入学考试，但是日本的大学入学考试十分独特，这给日本的教育制度带来了巨大的影响。自明治时期以来，日本的大学入学考试一直被视为通往社会成功之路的台阶，因此，比起其他国家来，日本的大学入学考试更讲究实力。竞争激烈，比拼实力这一点在日本大学的入学考试中得到了充分体现。

日本的高中毕业生比例在世界一直领先，2005 年日本实施的学校基本调查结果显示，初中升高中的升学率达到 97.6％。全日制高中 72.6％的学生在普通班，即大学升学班，大学的升学率则是 47.3％。进入 21 世纪后，大学的数量在增加，而年轻人的数量却在减少，渐渐成了“人人都可上大学”的时代，但是这里的大学主要指那些新开设的大学，而旧帝国大学、东京六大[①]那样的老牌大学，入学难度没有丝毫降低。

4 年制大学每年都会有应届高中毕业生来参加考试，往年

① 东京六大：指东京圈的六大名校，包括庆应义塾大学、早稻田大学、立教大学、东京大学、法政大学、明治大学。

的落榜生也会加入考试队伍。各个大学根据入学考试的难易程度被排上序号，列入大学排名榜，大学的排名与学生 4 年毕业后就业单位的等级息息相关。难度最高的东京大学毕业生，就可以较为轻松地在中央政府机关和部分上市大型公司等热门单位找到工作。

日本的大学排名至今还受到日本传统雇佣体系和终身雇佣制的庇护。毕业于一流大学，并享受优厚待遇的大学毕业生，希望能在同一家企业或政府机关工作到退休，而且他们认为这是势所必然，天经地义。但在美国，猎头公司会协助公司的重要领导、高层管理人员和白领跳槽，随时转到更好的岗位，日本的企业虽说最近也已经开始出现裁员的动向，但毕竟日本社会人事调动还不怎么普遍。当然，在日本同一公司内部或政府机关内部也可能有人事调动，更有人退休后跨入新的职场开始第二人生。但是，大多数日本精英一般不会辞去现任政府机关职务，跳槽到其他公司。

正因如此，日本人非常重视大学毕业后进入的第一家单位，从事的第一份职业。无论去的是怎样的单位，在进去后要证明自身价值，要往上攀爬，尽可能地接近最高岗位。但是升职的前提是，毕业后能否顺利地找到理想的工作，迈开职场第一步，这一点在日本至关重要。直至如今，日本社会仍然倾向根据毕业生的院校排名来决定工作的好坏，也就是说，要想找到理想的工作，就必须拿到一流大学的文凭；而要想进入一流大学，就必须在大学入学考试中一举获胜。

就职大型企业就必须上顶尖大学

判断工作单位是好是坏、是否经得住外界考验，要看公司的发展前途和社会评价如何。这两项本来应该和物质报酬（工资)、权利、社会威信、工作满意度等指标挂钩，但现实生活中，日本的大学毕业生并不根据这些指标去选择职业或职务，他们会挑选一个长期稳定的工作场所，希望进入能终身雇佣自己的公司或机关单位，因此暂时会把以上这些指标搁置一边。但是想要进入当今最为理想的职场或单位，首先就得一举拿到名牌大学的毕业文凭，获得大家认可。

挑选大学毕业生的企业当然也想保住人才，很多顶尖企业只接受顶尖大学毕业生的面试，因此，在日本，大学入学考试其实是学生 4 年毕业后找工作时的一个起决定性作用的选拔标准，也就是说，要想在名声好的企业就职，就必须首先在名牌大学的入学考试中过关斩将。

政府机关工作也是一样。要想成为财务等行业的政府高级官员，就必须通过高级国家公务员考试。国家公务员高级职务考试无论哪个学校的毕业生都有机会参加，也就是说，考试不只限于名牌大学的毕业生，其他大学的毕业生均可参加。但是，事实上以东京大学为首的名牌大学毕业生在国家公务员高级职务考试中以绝对的优势占据前列，这导致东京大学毕业生被录用人数不断增加，在这个考场上，以东京大学为首的名牌大学毕业生彻底地胜过了其他大学。

正如企业高层往往出身名牌大学，日本中央政府机关的工作人员也多毕业于东京大学，这是日本明治维新以来没有改变过的事实。中央政府机关的中层管理人员也有很多出自东京大学，无论政府哪个机关，国家公务员高级职务考试的合格者中一半以上是东京大学毕业生，而且官位越高，比例也就越高。

国家公务员Ⅰ种考试[①]和司法考试并称日本最难通过的考试，合格者可担任中央省厅干部候选人（俗称“职业组”）。通过Ⅰ种考试的中央省厅录用人员的毕业院校，绝大多数是东大（东京大学的简称），即使跨入21世纪，这种现象仍然没有改变。根据中央政府机关各部门2005年录取的合格者的数据，日本财务省录用的19人中有16人毕业于东京大学，其他3人的毕业院校分别是京都大学、一桥大学、庆应大学，东京大学毕业生录用比例高达84%。同年，日本外务省录用的27人中，东京大学的毕业生有16人，占近60%。

国家公务员Ⅰ种考试的合格者中，东京大学的毕业生每年几乎都高居日本各大高校之首（2020年，东京大学毕业生通过公务员Ⅰ种考试的人数据说创下1998年以来最低纪录，合格总人数为1717，仅录用了249名，但是合格者人数仍然位居各大高校之首[②]），由此可见，中央省厅录用的职员仍然以东京大学的毕业生为主。

文部科学省本应在考试和录取中兼顾各校，不偏重个别精

① 国家公务员Ⅰ种考试：也称为国家公务员综合职位考试，合格者被录用后作为干部后备培养。

② 东京大学新闻. 国家公務員総合職試験東大出身者が史上最少に［N/OL］.（2020-09-29）［2023-01-10］. https://www.todaishimbun.org/nationalcivilservicecomprehensivejobexamination20200929.

英大学，但是在 2011 年公务员Ⅰ种考试录取的 36 人中，东京大学的毕业生共 15 人，占了四成左右①。据说私立大学的毕业生即使通过了公务员的Ⅰ种考试，但是在各个省厅的复试面试中也常常被拒之门外。

美国的本科和研究生院在录用本校出身的教授时都有严格的限制，他们尽量招收来自不同院校、不同经历、不同人种的教授。教授的想法独特，授课方法各不相同，这样能让学生接触各种不同的想法。正确答案并非只有一个，因为每位教授的指导方法各异，所以学生自然也能够明白答案原来还可以有多种可能性，这样就会取得更好的教育效果。无论哪所大学，同校出身的教授都不会超过三分之一。研究生院为了吸引其他大学的毕业生，规定并控制同校生的录取人数。如哈佛大学，考入同校研究生院的硕士最多不可超过同校本科生人数的 17%。美国一流大学一般都比较排斥教师对学生单方向的知识灌输，喜欢让持有不同意见的学生展开讨论，互相讲解不同问题的解决方法，认为这样才能达到良好的教育效果。正因如此，美国高校倾向录取其他院校、地区或者国家的优秀考生，旨在让学生持有不同想法、不同见解和不同解决问题的方法。

日本大学一考定终身，美国大学机会多样且具有柔性

看重学历的不仅是日本大型企业，即使是中等规模的企业

① RBB Today. 文科省・総務省の平成 23 年度国家公務員Ⅰ種採用者、大学・学部出身者の偏り変わらず［N/OL］.（2013-01-30）［2023-01-10］. https://www.rbbtoday.com/article/2013/01/30/102118.html.

也会参照大学或高中的名次来录取人才，这些企业会根据学校排名来推测应聘者的才智，从而判定就业竞争的胜利者。企业如此看重排名，学生自然也是如此，高中生即使不把目标高高锁定在东京大学或其他有名国立大学，也要给自己报考的中等水平的私立大学排个先后高低，根据各个大学之间细微的难度差异和偏差值[①]的不同，动足脑筋挑选排行榜上略胜一筹的大学，哪怕落榜，也要再次挑战，直至考入理想的大学，这样在4年大学毕业后就能找到好一点的工作，赚回复考时所支付的花销。

说到底，大学入学考试是日本企业选拔人才的重要工具，企业根据智力和努力程度把18岁人群排在一个庞大的金字塔形阶层组织里。对于具备一定规模的企业而言，即使某个高中毕业生有高超的能力，他的升职也很难超过大学毕业生。曾经的日本，即便是高中毕业生，只要有能力，就有很多晋升机会，并取得相当高的社会地位，但是如今的日本，接受高等教育的人数已超过半数，高中毕业证已经失去曾经的意义。今后的日本，求职者估计要读到研究生才会在就业中占优势。

在美国，没有大学文凭也同样不利于就业，但是，美国在制度上允许人们工作后有机会再次到大学学习本科和研究生课程。可是在日本，一旦找到工作，重返大学几乎不可能，然而美国无论年龄多大都能考入高校，研究生院致力于开发、提高

---

① 偏差值：指相对平均值的偏差数值，是日本人对于学生智能、学习能力的一个计算公式值。是日本评价学生优秀程度的数值，反映每个考生在所有考生中的水准，数值越高越好。

学生能力，为专业性强的职业设置专业，如医生、律师、注册会计师、教师、社会福祉士、工商管理硕士（MBA）、理学疗法士[①]、作业疗法士[②]、语言治疗师[③]、视力功能矫正训练师等。

美国确实也有精英大学，教育水平也分等次，但由于成绩的评价是多方面的，所以不会像日本这样只按考试偏差值来给大学排名，因此，美国不会和日本一样，借用学校排名来录取人才。

在日本，大学教授给的成绩几乎没有任何意义，而美国的教授却会严格地评分，十分重视成绩。而且，学生考入研究生院后，在日本基本都会得到“A”，但是美国的评分却十分严谨，高低有别。日本的大型企业和政府机关在录用优秀本科生后，会让他们在工作的同时参加公司内部的进修，这也和美国不同，因为在美国，研究生院是培养职场专业人员的机构，研究生院的毕业生是作为某个领域的专家被企业录用。总之，要想在美国出人头地，至少得在研究生院取得专业硕士学位。要从事律师、注册会计师、医生、社会福祉士、理学疗法士、作业疗法士等职业，或担任企业的中坚干部职务，如果不修读完研究生院规定的硕士课程，就连专业考试的资格都没有。美国

① 理学疗法士：以运动治疗训练辅以其他物理治疗手段，使患者恢复基本活动能力的专业人士。

② 作业疗法士：应用有目的的、经过选择的作业活动，对患者进行评价、治疗和训练的专业人士。

③ 语言治疗师：对各类言语障碍者进行治疗或矫治的专业人士。

人期望的最终学历不仅仅是一流大学的名称，他们更看重硕士、博士的毕业院校属于哪个职业群体。在美国，取得硕士、博士学位后就能拿到更高的工资，从这个意义上说，美国可以说比日本更注重资格和学历。

教育一线的教师同样如此。在美国，小学到高中的教师在大学毕业后首先签订一年的非正式合同。要想成为正式教员，至少要取得硕士学位。比如纽约规定研究生的修读期限为 7 年，不限专业。他们每天在自己工作的学校教课教到下午三点，然后匆忙赶往研究生院去上四点十五分开始的研究生的课。到退休为止，至少修到两个硕士学位，教师才能拿到最高等级的工资。美国的教师不会仅仅因为工龄的增长而涨工资或被认可为真正的教师，所以每位教师的工资自然存在差距。

如果想在美国攻读学士、硕士、博士学位，要是不达到每次考试规定的各级别的选拔标准就不能入学。同一所大学、或同属一个集团的大学本科生反而拿不到该校研究生院的录取通知书，更具体地讲就是研究生院不录取同集团的大学生。美国的研究生院入学考试和日本的大学本科的入学考试一样严格。听说日本的文科研究生院因为生源少，教授在本科生里物色出色的学生，指名要求他们来报考研究生院。有位教授透露了其中的原因，研究生院如果招不满规定的人数，就不太好向文部科学省交代。

在美国，即使同一所大学，本科和研究生院的教授也互不相访，就像完全不同的两个组织。教授十分严格，学生也不迟到，完全不在课上说悄悄话，也从不打瞌睡。学生只有在回答提问，或课堂讨论时才开口。在美国读博，像日本那样靠走关系是根本行不通的，学生要挥泪洒汗地完成各科论文，顺利通过由数位教授设置的互不相同的严格审核，在论文答辩中要攻克各种尖酸刁钻的问题，在教授认可确实达到了博士水平后方可取得博士学位。

日本研究生院的博士学位迥然不同。前些日子，一家专门出版学术书籍的大型出版社的主编告诉我，大学的博士学位论文里的语言文字类问题越来越多。根据学位规则的改正法案（1993 年 4 月 23 日）的最新规定，被授予博士学位的人，必须从授予学位之日起一年内印刷、公开该学位论文，即出版博士学位论文。该出版社也接受博士学位论文执笔者的委托，编辑、出版博士学位论文。这位主编审读过很多博士学位论文，发现东京大学、京都大学等国立大学的博士学位论文语言严谨，看得出经过了严格的审查，但是其他大学的博士学位论文让人无法相信真的通过了审查。有的论文错误、遗漏随处可见，前后语句不通，这样的论文真的经过了审查员的仔细审阅？着实令人怀疑。更有甚者，让人不由得想说，“就这样的论文，不彻头彻尾地再重写一遍哪能拿来出版呢？”该主编说：“博士学位论文能否通过审查，几乎都是审查员说了算，学生和教授的亲近程度、人情关系决定博士学位论文能否通过，这样的情况肯定存在。”

用这种伎俩通过的博士学位论文，自然不重写就无法公众于世。美国的博士学位论文公开后，无论在哪个国家（包括日本），人们都可以在图书馆浏览，若要购买，随时都可付费并委托寄送，在日本也同样可以买到（参见本书附录八）。而在日本，1993 年学位规则修改之前，论文是不公开的，而且如果没有得到作者许可，连复印件都拿不到，这大概就是论文质量存疑的原因吧。

日本和美国的教育情况不同，日本的高等教育一开始参照了 19 世纪欧洲的大学，是讲究名次的精英教育。二战后日本又吸收了美国的“机会均等”教育理念，因此在发展精英教育的同时发展了大众教育。再加上日本企业独有的雇佣形式——终身雇佣制，大学的入学考试被赋予了上述独特的选拔人才的功能，于是造成了日本看重学历、按照大学排名来区分人才等级的特点。

而且，日本人一般好胜意识强烈，再加上长期以来，日本一直推崇教育，把接受教育作为出人头地的主要手段，因此福泽谕吉说：“上天不会造人上之人，也不会造人下之人。”其意是只有教育才可区分上下等级身份。日本的这些独特的想法强有力地保证了日本的大学长期保持日式偏重排名的特点。

能否考上大学，要看以背诵为主的笔试成绩

大学选拔学生时，如若采用笔试成绩以外的标准，那么笔试成绩就不会起到绝对性的作用。日本的一部分国立大学和私立大学虽已开始考虑其他选拔标准，但是教师的推荐信、高中成绩、课外活动、个人性格、特殊才能等要素仍然未能在日本的大学入学考试中起到足够的作用。因此，对于大多数考生而言，在一天或两天的笔试中取得的分数就显得极其重要，因为

笔试成绩是判定入学考试成绩的唯一且最终的标准。

但是，问题出在笔试的形式。因为考生众多，所以评分标准必须简单明了。因此，出题只能限于短篇阅读、单词填写或多项选择，几乎没有像阅读散文、解释语句等测试思考能力的试题。用外语写作和会话的能力被忽视，也没有类似智力测试的试题。

从出题形式来看，日本大学在入学考试中要考查的是学生背会了多少知识，用背下的知识和公式解答了多少问题而已，也就是正确地理解事实、掌握细节部分、熟练运用数学和理科公式的技能。

大学的入学考试只有客观题，这样的题型是让考核走上歧途的首要原因；而考试题目的内容针对的都是细微部分，刁钻难答，这又推波助澜地让考核更加不合理。

我见过大学出的有关欧洲地理的入学试题，它几乎完全忽视了对实用知识的考查。学生一旦考入大学，就会忘记这些对自己无关紧要的知识，而且恐怕此生都不再需要去背诵那些细分到极点的知识了。大学的入学考试仿佛是一场由学者组织的大型“知识背诵比赛”，根本没有太大的意义。

日本的很多高中生如同丢了魂似的沉浸于知识的死记硬背中，努力训练背诵能力，要是计算所有年轻人花费在背诵上的总能量，肯定让人骇然不已。我在中国的北京大学讲过课，听说中国的高考也会测试学生的背诵能力。中国的人口是十几亿，高出日本人口的十倍左右，因此中国的高考一定比日本难度更高，培养出的学生也更优秀。

日本的大学理工学科目的入学试题，和社会学科目相比感觉更有条理，而且问题难度之高，大概相当于美国顶级大学理科大二学生的水平。但是理工学科目的考试题型却基本限于公式运用和逻辑解答，这里又体现了日本教育的特点。

日本大学的英语试题屡屡遭受明智的日本人和外国人的批评，原因是专攻古代英国文学的大学教授，把欧美人平时完全用不上的古典语法和单词拿来命题，大家普遍认为想要考到好成绩，考生就得把每个古英语单词都了然于心才行。

日本的英语教育其实应该向欧美国家的教育看齐，如同针对外国人的日语教育应该像在日本实施的对外日语教育那样，先不要急于学习英国文学，而应让学生接触用现代英语写的长篇论述性文章，解释其语句并总结其概要，英语单词也要控制在欧美高一学生的水平，因为美国的日语学习者只要在美国学会了日本高一水平的日语单词，就能够阅读日常的日语报纸。

日本连大学上课都要求背诵

欧美国家不会采取像日本这样的学习方法。举个例子来说，现今的欧洲教育者最感兴趣的问题是，希腊思想家之间展开了怎样的争论，他们的研究方法有着怎样的不同。欧美国家的大学生会在课堂讨论中研究这些问题，探寻如何把古代的智慧应用于当今社会，就此展开讨论。若有时间，还会深入探究各学者的思想中隐藏的逻辑伦理，训练自己的分析能力。此外，学生还会阅读两三本关于希腊思想家的教科书和参考书，由教师在课堂里组织学生展开讨论。期末考试是撰写研究报告书，在家用电脑打五页左右的报告书，提交后授课教师会根据学生对这个问题的理解程度、探究深度进行打分。因此，学生自然而然地就能掌握阅读能力、写作能力、分析能力、小组讨论能力、课堂汇报能力以及思考能力。

然而，像美国这样的学习方法，对于力争考入日本大学，要通过入学考试的日本学生来说根本派不上用场。在日本，即便上了大学后，大学课程的考试也会以论述题为主，但哪怕这样也仅仅停留于形式，实在让人叹息。为什么这么说呢？因为学生只需要在课上把教授的讲课内容做好笔记，课后背诵教授透露的“这里要考”的部分，在考试时按照背诵的内容一模一样地去复述教授的观点就能得分，这和小学、初中、高中强调的死记硬背又有什么区别呢？在日本，如果学生引用其他教授的观点，用自己的思路展开讨论，任课教授就会认为是在无视自己的讲课内容，不予给分。

家长望子成龙吐露真心话——“只要咱家孩子能进大学”

教师、家长、学生都认为教育应该对发展民主主义和促进个人成长起举足轻重的作用。但是，就连批评大学入学考试制度弊端的家长，一旦轮到自家孩子考大学时，也会满心期待自己的孩子能顺利地通过大学入学考试。

如果公立高中实施教育改革，私立高中一定会生源充足、繁荣发展，因为实际上有许多家长只要孩子能考上大学，不惜支付高额的教育费用。公立高中如果想要缓解大学入学考试带来的压力，着手教育改革的话，就势必导致情况恶化，因为会有越来越多的家长让孩子上补习班、升学辅导班，请家庭教师，加强孩子的竞争力；也有家长设法让孩子进入大学附属中学或高中，因为这里考取所属大学相对容易一些。

家长的这些举动是不符合日本国民性格的。在长久的群体生活中，人们在成长过程中会形成许多性格上的重要特征，如勤奋刻苦、勇于自我牺牲、搜集信息、花上几年时间准备也在所不惜的高度忍耐力、认真的生活态度、禁欲、好胜心等，然而这些良好的特征现在被争先考入大学的利己主义和个人欲望所驱使，遭到了扭曲。虽然分不清楚考大学究竟是家长的愿望还是孩子的愿望，总之这可以称为日本人的一个特征吧。

考大学这一需求，绝对不是出于自身喜好的一种选择，也不是源于自身人格的一种愿望。其实，这是大众心理的产物，体现为一种你争我抢、蜂拥而至的形式。而且，与其说考大学是实现个人愿望，不如说是为了毕业后能够获得理想的社会地位。在为获取社会地位而展开的这场激烈竞争中，最终获胜者所要满足的野心，只不过是为了将来能得到一个社会公认的好名声罢了。然而，他们忍受着学习的痛苦，从忍受中得到的经验是：用忍耐去压制快乐、压制个人喜好，这种自我压制才是走向成功的捷径；在世俗规定的独木桥上不惜余力地勇往直前，这种前进方式才是在大学入学考试中取胜的绝对条件。

日本人过去普遍认为，考上一流大学就能成为幸运之星，大学校园如同休闲乐园，自由自在、充满魅力，人生的前途也是远大明朗、四平八稳。

后学历社会需要真正的学习能力

少子化导致的后学历社会事实上已经悄然来临，与考生家长的期待恰恰相反，也就是说，我们突然跨入了一个不能只靠大学的牌子和偏差值来决定人生的时代，那么，我们应该欢迎这个后学历社会吗？

我想说："且慢，等会儿再下结论吧。"

"名牌大学决定人生"的时代可能的确要结束了，但是取而代之的并不仅仅是"传统意义上的学习能力和讲究实力的社会"，可以说，新时代需要我们依靠远高于以往的学习能力和处事能力来决定人生。

但是，我在这儿说的学习能力和日本传统意义上的学习能力相比，性质上完全不同。

传统的学习能力是由"记忆能力"和"勤奋努力"打造的海市蜃楼，因为大家似乎都认为只要 18 岁的时候记忆力好，那么不管是到了 30 岁还是 40 岁都会保持这个能力，但是这种单纯的死记硬背式的教育方法是无法存活于 21 世纪的。

21 世纪需要的是独创能力和问题的发现与解决能力，这两者可以总结为思维能力。问题的解决能力并不能依靠记忆能力获得，提高问题的解决能力需要一系列的过程，包括阅读、写作，获取必要信息，分析、取舍信息，再总结成文。在这一过程中，死记硬背的能力黯然失色，而"创造能力""思考能力""探寻课题的能力"则显得十分重要。可惜，关于此类能力的培养，至今尚未被日本的高中、大学或研究生院所重视。

但是，现如今的大学和研究生院已经到了必须改革的时期，为了培养21世纪所需要的人才，高校必须和社会联手，培养有能力解决国际社会问题的人才。当然，大学、研究生院教师的能力和质量也必须得到发展。在这种大潮的驱动下，靠死记硬背的功夫考入大学，缺乏创造能力和思考能力的学生是无法顺利毕业的。换而言之，在21世纪的社会中能成为真正的领导者，是那些具备了思考能力、问题的发现和解决能力，拥有真正意义上的学习能力的人才。

估计今后各个大学出于招生需要，都要钻研、改革课程设置，为培养学生的思考能力狠下苦功。大学之间的竞争会愈加激烈，因为新生儿人数年年递减，招生也逐渐演变成高校的一项重大任务。对于创新型学习能力的追求将会由此得到新的发展，那将是真正意义上的衡量实力的资格考试，也是具有真正竞争价值的社会考核。

但是现在除了东京福祉大学，我们无法期待现今日本的大学和研究生院能开发学生的思考能力。原因是日本的大学都只关注记忆能力，而且大学教授往往会排斥外校优秀学者和教授的不同观点。我认为这一点集中体现了日本教育的缺陷。

■专栏 1

本校要求的博士学位论文

读博的学生，要把自己的研究内容汇总成一篇博士学位论文。博士学位论文凝聚着每位博士生的心血，也是学生今后以研究者的身份开启学术生涯的一块招牌。论文内容必须新颖独到，内容丰富，既要集大成又要具有开拓性。文科的博士学位论文尤其不易。

博士学位论文和硕士学位论文虽然都是研究生院的学术论文，字句格式等书写规则大多相通，但是两者的记叙方法实则全然不同。硕士学位论文为获得硕士学位而写，博士学位论文为获得博士学位而写，后者又称为博士学位申请论文。

东京福祉大学社会福祉学博士学位课程和临床心理学博士学位课程，一度出现博士学位论文通过率低，足足 30 名学生即将面临满期退学的困境。究其原因，在于数位导师指导方法不同，造成学生头脑混乱，写不出像样的博士学位论文。中岛总长惜才心切，亲阅学生论文，指导学生规范的格式及写法。自 2021 年 10 月始，历经 3 个月的指导后，5 人都完成了博士学位论文，次年 2 月通过答辩时，学生喜极而泣。

为何在总长指导下，学生就能完成博士学位论文？学生起初把体验、感想写入论文，这种小作文水平的内容与博士学位论文的格调相去甚远。东京福祉大学博士学位课程的教授阵容中虽有取得一流大学博士学位的高级教师，但他们在指导学生的时候，总是强调说："你现在的水平，要取得博士学位还很难，需要付出更多努力，要写下这些内容，研究那些课题。"

博士学位论文选题宜小不宜大，分析要系统深入。但是作为学生而言，除了自己擅长的、喜欢的内容，其余的都不知如何着手。3 位教授的想法却与学生相悖，他们让学生去写自己力所不能及的内容，使得学生无所适从。教授的意见是，这种水平的论文哪能授予博士学位，定会招致同行教授的批评。就这样，学生学了7年也没能拿出一篇像样的博士学位论文。教授固执地认为，论文写不出并非因为自己指导无方，而是因为学生没有充分地学习和研究，因为学生的能力不够。而总长却是这样指导学生："写你愿意写的、喜欢写的内容，但是为了用理论武装成博士学位论文，这些地方需要修改。"学生在规定期限内把修改好的论文拿来后，总长再进一步说："大体上像一篇博士学位论文了，但还差那么一点，这个部分这样修改的话，就更像博士学位论文了。"在这样的指导下，学生在短时间内就能写成一篇像样的论文，最后顺利完成博士学位论文。总长教的是步骤，让学生把好不容易积累起来的研究内容，用合适的方法表现出来的步骤。论文即正确的论述方法，一定要理解这个道理有多重要。中岛总长教的也是方法，让动笔写论文的学生整理出自己擅长的内容、感兴趣的内容，再转换成篇章，最后构成博士学位论文。

听说有些急于求成的学生，为了拿博士学位，即便就读于国立大学也会主动邀请导师共餐，表达心意，更有人一进师门便递上礼包之类。如此一来教授也会不由得严阵以待，指导出更好的博士学位论文。此话是真是假不得而知，或许真有实例。

■专栏2

美国的资格制度和学历制度的本质

在美国，如果想找到高人一等的工作，就必须获得资格和学位，医生、律师、社会福祉工作者（social worker，亦称社会福祉士）、理学疗法士等专家，他们获取的专业资格和研究生院的硕士、博士学位紧密结合。名牌大学的本科学生只是学习一般科目，要想成为理想的专业人员，必须拥有更高水平、更广博的教育。美国人特别相信，真正的专家就是在私立一流大学取得博士学位和资格的那些人。在美国，有越来越多的人为了通过获取知识来提高自身实用专业技能而攻读硕士学位。但是仅仅拥有硕士学位，还不能称得上权威专家，因为美国已经是一个学历社会，学士之上是硕士，硕士之上是博士，博士才具有最高的实践能力。研究生院这个教育系统传授的是专业知识和思考能力，用来解决适合于不同学位水平的各种各样的问题。

在美国，博士研究生需要咬牙挥泪地苦学至少 15 门以上的专业课程，每位教授的指导风格迥异且故意刁难，除了要通过每门科目的结业考试外，还要刻苦地完成博士学位论文。博士学位论文委员会的审查严格，教授们意见相互对立，甚至发生激烈争论，在通过如此严格的博士学位论文委员会审查之后，学生才能获得博士学位。

既然如此艰难，为什么美国人还那么想获得这个学位呢？因为在美国，取得了博士学位的人不仅可以得到地位、名誉和尊敬，还可以拿到高额薪水。世界级大型企业的重要职位的人选事实上都是一流私立大学毕业的博士生。工作岗位决定相应的薪水待遇，高中毕业的人是蓝领，拥有学士学位的人可做简单的事务工作，拥有硕士学位的人做硕士水平的专业工作，而获得博士学位的人，其地位、工资和专业职务是最高的。同等水平的工作人员，不管工作多少年，工资几乎都差不了多少，不像日本根据工龄论资排辈。

在美国，学位导致的差距非常显著，刚刚参加工作的有高学历的儿子与没有学历的父亲相比，薪水可能要高出许多。美国有的工作人员一边工作一边还得去研究生院进修，期待取得更高学位，以便提高自身的工作能力、薪水额度和社会地位。

在美国，一般情况下，个人工作的职责范围都已做好限定，关键看个人工作的效能。日本多为团体合作，集团内部互相帮助开展工作，而美国多为单人单间办公，每个员工都只做个人职责范围内的工作。

日本看重的是毕业于哪一所名校，而美国看重的是在哪一所私立大学取得了什么学位。在美国哪怕是从世界顶级的大学——哈佛大学毕业，如果仅仅是本科生的话，还是比不上二流大学的研究生。就好像日本的滩中[①]毕业生，尽管是知名高中，但是如果工作条件要求本科毕业生的话，他们连四流大学的本科毕业生都不如。同样，即使是哈佛、耶鲁、普林斯顿、福特汉姆这样的顶尖大学的研究生院，如果仅仅取得了专业硕士学位的话，肯定比不过二流大学取得博士学位的毕业生。博士、硕士、学士被明确地分开了档次。当然，实力、能力也明显和学位相关联。因为在美国取得学位的过程中，学习的课程并不像日本那样偏重记忆能力；而美国的大学生们学习的内容符合每个学位不同水平的需求，培养学生解决问题的思

---

① 滩中：位于日本兵库县神户市的私立男子高中，因近五成的学生考入东京大学而闻名。

考能力、读解能力、写作能力和演讲能力。

在美国，名牌私立大学硕士生的招生人数和本科生差不多，例如哈佛大学教育学研究生院 3 个系共计 800 人左右，与此相反，博士研究生的入学人数每个系只有 10 人左右，院系的入口相对狭窄。而且进去后必须要完成博士学位论文才能拿到博士学位，至少得花上 7 年至 10 年时间。其中只有二分之一或者甚至三分之一的博士研究生才能做到，可谓艰辛狭窄。这不仅仅是哈佛大学，全美的研究生院都是如此。我在哈佛大学访学期间，在大学法学研究生院的咖啡厅遇见了一位日本高级公务员。他拥有东京大学法学和大阪大学经济学领域的两个学士学位，还考取了日本司法考试和高级国家公务员考试的合格证书，可谓日本的精英人士。他拿到了日本政府的奖学金，被派去哈佛大学攻读法学硕士。虽然他曾经对学习英语信心十足，但是在美国却经历了前所未有的思考能力与写作能力的严峻考验，就连他这么优秀的人也有一门科目居然没有合格，硕士学位证书差点就没拿到。听了他的经历，我感到十分诧异。因为美国高校的每位教授个性迥异，要求的标准也各不相同，在这种严苛的环境下经受严格的训练，培养出来的学生定会头脑灵活、意志坚强、不屈不挠地实现预定的目标，从而得到社会的信赖和尊敬。正因为如此，在美国取得学位有一套令人信服的系统，所以美国人重视、尊敬学位，这与日本完全不同。

在日本考研，一般会选择自己熟悉的教授所在的研究生院，选择在该教授门下继续深造，因此听闻日本研究生院培养出的学生往往视野狭窄，只知道一种观点，虽然他们有强烈的自尊，但却顽固不堪，缺乏社会常识。

在美国取得博士学位十分不易。对美国人来说，这要比日本司法考试付出更多的努力，具备更高的能力和水平才行。现实生活中有许多人尽管努力了好几年，最终也没能取得博士学位，这就好像在日本没能通过司法考试一样，会遭受精神和现实的双重打击，成为所谓的“司法考试落榜群”，从此走上完全不同的人生道路。

日本从小学到高中的教育制度十分完备，这种完备的教育制度在很多其他国家也很常见。日本大学的入学考试难度很高，竞争也很激烈，犹如赶赴战场一样，而这种现象也非日本独有，我们的邻居韩国和中国以及东欧的许多国家也是如此。美国也有入学考试难度特别高的大学，在美国东部，有一所高中学校就像日本滩中一样被称为“一流高中”，专门培养考入顶尖大学的学生。在所谓的“学历社会”里，不论哪一个国家都会出现像比尔·盖茨或者田中角荣这样出彩的人物，即便没有大学毕业文凭，仍旧能够获得巨大的成功，但是这只是极为少数的情况，现今的时代对于普通老百姓来讲，没有学历，就等于完全没有了飞黄腾达的机会，这样讲毫不为过。

〈资料 1〉

要想富有就得会讲英语

住在德里的印度人罗宾真（22 岁），他每天有 8 小时要变身为美国人罗宾·麦肯锡。

“您好，我是通信公司 AT&T 的罗宾·麦肯锡，为您介绍下我们的新服务。”

他受到美国企业的委托，从印度打国际电话推销商品，从事被称为“呼叫中心”的生意。仅仅这家公司就有约 200 名年轻人通过印度洋和太平洋下面铺设的海底电缆，向美国拨打推销电话。

罗宾真每天要和约 100 名美国人通话，他没有外国旅行经历，大学也是在印度上的。他在 2001 年 7 月进入了该公司，在这儿他能拿到比国内企业高出两倍的工资，这一点非常吸引人。

公司录用他后，安排美国教师花了近 3 个月的时间彻底纠正他的发音和语调，他每天都得在家观看 CNN，为了在电话销售中可以得心应手地闲聊，他总是关注并牢记美国的热点话题和体育赛事结果。

为了让美国人安心，绝对不能让他们察觉出自己是在印度打的电话。

打给美国的电话呼叫中心自 1999 年首次在印度成立，现在已经增加到了 20 多家。在印度，有 1 万多个年轻人每天晚上摇身一变成为美国人，抓起电话喊“Hello”。

罗宾真工作单位的老板古拉迪（47 岁）在本月访问了美国，自 2001 年 9 月的“9・11”恐怖事件后，美国企业纷纷咨询签约事宜，因为美国经济在衰退，同样的工作，印度的人工费只需要美国的五分之一。

印度曾是英国的殖民地，英语是准通用语，会讲英语的人数甚多，而且印度信息技术的高度发展也起到了推波助澜的作用。“只要能说美式英语就能获得高收入，这是一个划时代的产业”，古拉迪雄心勃勃，将来打算在呼叫中心雇佣100万员工。

在中国，有上亿人在学习英语，曾经的“旧帝国”语言。

“英语会话的门票要吗?”在北京郊外的英语专业学校——新东方的门前，一群衣着不一的男人们并排而立，他们是卖票的黄牛，卖的是广受欢迎的，而且是已经售完了的英语讲座门票。学校里面讲座公示栏前围满了学生，凡是已经超过规定人数的讲座马上就被画上叉，希望听讲座的学生随即发出一片叹息声。

副校长王强（39岁），进校之前在美国的一家通信系统的研究所工作，某日，北京大学的老同学俞敏洪（39岁）前来拜访，邀请他共同经营学校，一番犹豫之后，他决定回国发展。9年前，学校只有13个学生，而今乘着经济发展和网络普及的东风，学生人数增加到了26万人。王强说：“英语是有力的工具，不会英语就不能接触美国，不能摘取全球经济发展带来的果实。”

韩国首尔市有一群工作人员被称为“用英语看护宝宝的韩国人”，他们2001年夏天开始婴儿护理工作，由于工作人员都在英语或美语圈有两年以上的生活经历，所以英语讲得如同母语一样流畅。

发起这项事业的郑吉亚（31岁）说：“不想让自己的孩子遇到她曾经历过的挫折。”由于亚洲货币危机的冲击，韩国经济衰退，她丈夫的公司倒闭，她的丈夫失业。郑吉亚开始不停地找工作，终于争取到了某国际机构最后一轮的面试，但是结果却是因为她不擅长英语而没被录取。她懊悔万分，不过对英语的悔恨之情反而促使她开辟了新的事业。

用英语来护理婴儿，这样做究竟对学习英语能起到多少帮助，虽然缺乏科学依据，却也得到了顾客的青睐。尽管费用是普通婴儿护理的两倍以上，但顾客多得要排队，有的顾客甚至还远在釜山。在郑吉亚的心中，至今仍然对英语爱憎参半。

在公司登记的 30 名工作人员都是韩国人，没有英美人。“其实光会讲英语也是不行的。作为韩国人的孩子，需要拥有一颗韩国人的心”，这是一种把异国语言和本国文化结合起来育儿的思路，这也是她受欢迎的理由之一。

（《朝日新闻》2002 年 1 月 3 日）

第二章　让原来学不好的学生学好

东京福祉大学及其他机构能够开发学生的潜在能力

如果大学入学考试落榜，但既想避免复读，又想跳过入学考试直接上大学的话，那么就只能选择读函授大学。但是，如果想在函授大学顺利毕业，就要面临这两个问题。

摄于福特汉姆大学举办的
夏季短期研修结业典礼

第一个问题是，学生必须依靠自身的努力克服学习能力低下的困境。函授课程基本都需要学生自主学习、自主复习，即使有问题也没有可以请教的教师。且令人惊讶的是，函授大学所使用的教科书、让学生提交的报告书以及期末考试的难易程度和全日制硕士课程相差无几，这是在我校攻读博士学位的一位兼职讲师讲述过的个人感受。照此推断的话，想要顺利从函授大学毕业，就必须具备与常规研究生相等的学位课程的学习能力。

第二个问题是，那些没有通过大学入学考试的学生，而且又处在一个无人可请教、孤立无援的窘境中，他们能将自己的能力提升到那么高的水平吗？如果想要让学生提高学习能力，从而顺利毕业，那么除了学生自身努力，还需有一个专门的教育机构，并具备一套教育体系和指导教师团队，巧妙地引导、培养学生，帮助他们达到毕业要求。学生想通过努力弥补自身学习能力的不足，需要一个教育机构，一套具备引导学生的教育体系和众多教学能力过关的教师，我认为在日本，只有我们经营的东京福祉大学及其他机构才能做到这点。

函授大学的学生所面临的学习环境就是这般严峻。正因为如此，高校教师的使命就是把在高中没努力读书，没能考上大学的高中毕业生的学习能力提高到硕士研究生的水平上来。东京福祉大学及其他机构的教师在社会福祉学院讲授社会福祉系和保育儿童系这两个系的函授课程的过程中，做到了巧妙地引导学生，使学生提升自己的读写能力。

教师培训尤为重要

我对本校刚开始实行的“大学并修制度”（学生在大专学习的同时可修读校外本科函授课程制度）信心十足，但是第一批学生第一年期末成绩却让人痛心，没有一个学生能写出合格的报告书，能获取函授大学所规定的课程学分，科目结业考试也都没通过，等于说，学生白白地浪费了整整一年的宝贵时间。但是当我去旁听学生的课堂时，却发现这其实不是学生的问题，而是教师的教学方式出了问题。我之所以这么说，是因为我后来直接上讲台，对教师们进行了彻底的培训，并改进了他们的教学方法。此后的第一期，学生都写出了合乎逻辑的报告书，并且都通过了科目结业考试，在短短 4 年内就有 8 成的学生从公认为高难度的函授大学顺利毕业（剩下的大多数学生也都在半年或一年以后取得了学士学位）。

学生在高中毕业之后考入大专学习，同时也进入函授大学学习各门课程，在专科毕业的同时取得学士学位，在日本，这样的教育体系可谓开了先河。

当我开始实施大学并修制度时，学校仍在摸索阶段，亟待确立一套富有针对性的、颇有成效的、鲜明独创的授课方法。因为担心第一次挑战会出现一些预料之外的问题，我让妻子和我的双胞胎妹妹作为一年级学生学习专科课程，同时修读函授课程，安排她们和学生同一间教室上课，为我这个校长起到隐形监控的作用，让我更有效地把控学校的教育质量。如果教师在教学上出现什么问题，她们就会一一汇报，毕竟妻子是毕业于立教大学英文系，获得了文学学士学位的本科毕业生。

一日，妻子听完课回家对我讲："孩子他爸呀，我真的是很认真地在听课了，但是老师上课说的尽是些抽象的专业术语，真的听不懂他们想讲什么。连我这个持有教师资格证的大学本科毕业生都听不太明白，那么对于那些刚刚高中毕业的孩子们来说更是云里雾里。如果这样学下去的话，那些学生怎么可能写得出来像样的报告书呢，当然更不可能达到通过科目考试的水平了。到最后学生全都不能及格的话，那不就意味办学失败了吗?”

听了妻子的一番话，我的第一个反应是“你说的全是大蠢话，怎么可能会是这样呢?”因为我聘用的教师几乎都在日本的各大学读完了硕士、博士研究生期间所规定的课程，有一些教师还在大学本科或者大专院校兼职讲授福祉学课程，毫无疑问都应该是福祉学的专家。这些学历、经历都可信赖的优秀教师，教出来的学生怎么可能“都不及格”呢?但是，期末考试结果却正如妻子所料，第一批学生在学完第一学年后，所有学生的所有科目几乎都亮起了红灯，学生写的研究报告和考试结果竟然都不合格，这说明这一年里学校一直在做无用功。为什么会这样呢?难道说是因为我的学生和我的妻子都不够优秀吗?或者是因为本科函授大学的教学要求实在太高了吗?

当我仔细聆听了妻子和学生的解释，又亲自旁听了一些课程之后，终于知道问题出在哪里了。教师授课的方式完全是自上而下单方向的教学活动，平时在其他大学本科或专科院校负责授课的那些“专家”教师，在我校用的授课方法和他们白天在别的学校用的授课方法完全一模一样。

我记得有一位女教师，她毕业于早稻田大学，通过了被大家公认为高难度考试的社会福祉士国家资格考试，并且还兼任着大学的非常勤教师，大家都说她实力雄厚。但是即便是这样的老教师，上课时也只会边看教案边讲课，内容枯燥无味，而且讲课声音还很低沉。坐在教室后面的学生，有的睡觉，有的聊天，迟到的学生一个接一个散漫地走进课堂，教师也不加提醒，就好像这些不良学习行为似乎都与她毫无关系似的。当然，她也不会让学生起身回答问题，确认他们是否真的理解了讲课内容。教师只顾选择自己喜欢的内容讲解，按照自己计划好的进度上课，一副上完课拿到课酬就万事大吉的样子。

从这些教师的话语中，我感受到他们对教育严重缺乏责任心，对于这些教师而言，自己教的学生即便没有合格，也完全不会觉得是自己的教学方法出了问题。他们的想法是“我已经按照合同完成了一年的教学任务，接下来应该由学生自身完成函授课程的报告书，递交给大学就可以了。学生的报告书不管能否通过，都取决于学生自身的能力，不属于授课教师的权责范围”。

我反驳他们：“请不要开玩笑，像您这种忽视学生理解能力的教师，用从上到下单方向的教课方法教学，那么这些孩子无论怎么学也写不出像样的报告书来，无论怎样努力也毕不了业的。老师，您知道您每个月的薪水都是从哪儿来的吗？都是这些孩子们支付的学费啊。不管学生的考试是否能够通过，这些学生都是付了同样的学费的。如果学生的考试结果不理想的话，我想我们应该按考试合格的比例来支付教师的薪水。比如只有四分之一学生的考试能通过，那么薪水当然也只有四分之一啦，老师，您觉得如何啊？”

我当初录用教师时，只光顾着看教师履历书上的学位和头衔，比如是否是研究生毕业，是否是社会福祉学专家，以为拥有这样的学历和名头就值得信赖，委任他们上整整一学年的课，我这样做也真是太过于天真和盲目了。我深刻反省了自己的做法，后来我把学校的授课方法完完全全地进行了改革，套用了我从美国学到的优秀的教育模式。我大规模开展教师教学培训，亲自上阵，为所有院系的学生创建了教学参考案例（参见本书第三章教学参考案例）。也有很多年轻教师热心好学，他们很快理解了我的教育方法，也积极地参加了我为他们设计的研修活动。但是也有头脑死板的教师，只知道坚持日本大学固有的常规教学方法，他们表示对我的新型教学方法完全不能理解。在日本越被周围吹捧为“资深”的教授，他本人也越认为自己有多厉害，但是事实上他们的教学方法反而比较糟糕。他们不仅自以为是，还在课堂上向学生公然散布学校和校长的流言蜚语，声称这所学校的教法是错误的，是一所有问题的学校，污蔑中岛校长。他们还鼓吹大学教育重在听取专家教授的高深意见，而不是培养学生的读写能力。

这一点是我妻子上完课后向我汇报的。既然从事教育行业，就应该把讲授的内容和学生能否通过考试的这一结果结合起来考虑，以此检验自己的教学是否成功。但是有的教师不但不反省自己教学方法上的问题，还把学生写不出像样的报告书这件事归咎于学校，道理何在？最后，这些教师当然也没能通过大专的教师研修，不久便提交辞呈，在学生尚未毕业的情况下中途辞职，离开了学校。

教师队伍中，有一位教师吃尽苦头才获得函授课程本科学位（曾和我校学生在同一所大学攻读并修课程），而后去常规的研究生院拿下博士学位。这位教师既担任我校的专职教员，又担任母校的函授课程兼职讲师，每周六、周日、暑假等休息时间负责函授大学教育学院的面授课程，还给学生的报告书和科目考卷评分。我认为完全可以放心地让这样的教师来学校教育学习本科并修课程的学生，于是委托这位教师道："老师，因为您毕业后教授过自己学校本科函授课程，所以请您为学生们提供一些帮助，向学生提供容易学习、容易上手的教学参考案例，好吗?"结果那位教师在学校待了一年，虽然对于学生来说他确实是一位既能说会道又看上去亲切和蔼的教师，但是授课内容却难以理解，因为他采用的是满堂灌的讲授法，而且到最后连一个简单易懂的教学参考案例都没有提供给我。这位教师教了一年后，班里几乎所有的学生都挂了科，他在课上还狠狠地攻击作为总长的我，随后很不负责任地离开了学校。

另一位教师是心理学专业出身，并获得心理学硕士学位，在医院担任社会福祉机关调查员（医疗福祉领域专家），我邀请他来我校教授医疗福祉课程，并让他写一份教学参考案例，以供学生参考学习，使学生顺利取得毕业所需学分。但是一周以后，他告诉我说："还没写好，请再给我一个月的时间来完成教学参考案例。"我觉得匪夷所思，问道："对于一个心理学和医疗福祉学的专业教师来说，就自身的专业领域写一篇报告书，为什么要花整整一个月时间呢?"他回答："要在图书馆查很多的资料才能写出好的论文。"于是我又等了一个月。但是一个月后这位教师的教学参考案例还是没有完成，再过了两个月才拿到他写的教学参考案例。

但是我仔细一看，案例语句不通，也没有按照论文格式去写，根本不是我期待的教学参考案例。我问他，"为什么不写得好一点呢?"那位教师回答："日本的研究生院里的教授根本不教学生论文的写法，只要按照提示或说明来完成论文，教授就会给所有人评 A。”这位教师也意识到自己缺乏论文写作的能力，自此以后他似乎受到了很大的打击，一个月后便递交了辞呈，离开了我校。

那位教师还有一段后续的故事。他辞去我校的工作后，成为其他大专院校的本科并修函授课程的教师，还担任了大学函授教育学院的兼职教师，作为大学本科的兼职教师在大专院校负责大学本科的面授课程。听说他在那儿施行了我校推崇的“以讨论为主要方式，以学生为中心”的教学方法，那所学校的函授课程学生都称赞他是一位“教学手段高明的教师”。能这样活用我的教学理念及方法虽然让人感到欣慰，但要是能在我校工作的时候就把这样的教学方法用到实处，提高学生的论文写作能力，那该多好啊。

还有一位教师，曾在一所大专院校教书，也专门研究福祉，这位教师在我校教了一年“社会福祉发展史”，结果班上也只有 24％的学生写的报告书通过了考核并拿到学分，还有 76％的学生没通过考核，也没拿到学分。我身为学校总长不能置之不理，于是立刻把那位教师叫来询问详情。他说班里的学生可分为三种，有两成很“优秀”，六成“马马虎虎过得去”，剩下的两成就是“学渣”，不值得去教导。

他在一校之长的我面前，在一个教育工作者的面前毫不掩饰地说了这些诋毁学生、让人气愤的话。我按下心头怒火，冷静地告诉他：“先生，您负责教的学生，去年我也教过。我在放暑假前还用了两个课时和他们讲了‘法学概论’这门课程的报告写作和科目考试答题的方法，当时我只用了两个课时，就让他们牢牢记住了课程要点，结果他们提交的报告书都符合要求，科目考试中97％的学生都合格了。”

这位教师追问：“这是真的吗？97％的学生不是那两成优秀学生里的合格人数的比例吧？”

我取出了学校给的成绩表给他看：“不是的，您可以自己去核对一下合格的人数，就会明白合格率是整个班级人数的97％，是您整整教了一年的那些学生啊！难道您不去思考思考，是否是您的教学方法存在什么问题呢？”

这位教师否认道：“不，我认为我的教学方法没有什么问题，是这门课的内容太难了。”

这位教师最终没有采纳我的教学方法，也没有改变他自己的教学方法，后来也就离开了学校。

为什么日本的大学或大专院校的福祉学专业的教师花了整整一年的时间也教不好班里的大部分学生，引导他们写出符合要求的论文和报告书？为什么用我的方法教他们，他们就能够提高并合格呢？简单来说就是“日本的大学教师不懂得如何去教导学生，对培养学生的能力，提高学生的智力缺乏足够的热情和激情。他们也不去思考如何帮助学生通过国家资格考试，更不懂怎么教导才能提高学生的能力”。

通过上述例子可以明白一点，就是学生写的报告书没有达到要求，没有通过科目考试，没有在毕业那年通过国家资格考试，学完后也毕业不了，这样的结局绝对不是学生的错，也不是因为这门课程太难。如果教法简单易懂，教师认真细心，那么无论什么样的学生都能成为优秀学生。无法提高学生的学习能力的原因就在于教师，因此对教师进行培训是教育好学生的重中之重。

高等教育就是把没学好的高中生都变成优秀的大学生

巧妙地引导学生，让学生主动地去学习，自发地去理解学习的意义，润物细无声地去培养学生的能力，具有这种能力的教师极为罕见，至少现在的日本教育界很难见到。

这是为什么呢？这是因为在讲台上给学生讲课的教师，他们曾经的受教学校要求他们死记硬背，因此这些教师根本没有掌握教师必需的能力，缺乏“重在思考，富有成效的教学技能”。

那么，我们就拿出日本大学教学岗位一线的案例，探究一下其中的经纬。

据我所知，日本大学的教学课堂，实际上下面的情况占了多数。学生在课上拼命地记笔记，如前所述，这是因为教授会把课上的讲解内容原封不动地搬到考试题目里，而教授也会在课上强调说：“这里是重点，考试要考到。”所以考试前只要向朋友借一下笔记，把教师指出的重点内容都硬背下来，然后在考场上把答案照写上去，这样不但可以拿到学分，而且还能得到高分。反之，要是去读了其他教授的参考书，并在考卷上写了其他教授的观点，再加上自己的想法，那就等于把方向搞错了，会受到任课教授的批评，还拿不到学分。

也就是说，在日本，大学科目考试的评判标准相当于小学水平的记忆和理解层面，大学里评价的也只有记忆和理解这两个方面的能力。教授考查的学习内容就是记忆知识，记住了就等于学习了，学生把记过的内容全部写在答卷纸上就等于好好学习过了，教授就会认可这样的学习结果。日本大学里的讲课情形和考试实情就是如此。

我校教师虽然是研究生院毕业，但是他们受到的教育也是“理解知识、记忆知识”，因此一开始当教师们看到函授大学给学生安排写报告书和考试题目的课程，布置的作业都要求学生具备高水平的思考能力和写作能力，就会觉得过于棘手而陷入恐慌。因为这些教师的教育背景是死记硬背式的填鸭式教育法，所以无法教导学生顺利解答题目，顺利完成报告书。

函授教育不可能出现靠记忆解答题目的情况，不管是考试还是写报告书都是根据思考和理解完成。教科书的难度达到常规的研究生院的水平，如果只使用高水平、高难度的教科书，教师不另加处理的话，讲课内容就变得晦涩深奥，导致学生无法理解。

这样的教育体系还存在着另一个更为严重的问题，就是为函授大学撰写课程教科书的人、选择教科书的人、考虑试题的人、评分的人等往往各不相同。因为函授教育必须要降低成本，所以需要一次性尽可能地多印刷一些教材，这样就会把连续几年可能重复使用的同样教材一下子拿去印刷。而命题的教授只坚持讲述自己的学术观点，按照自己的观点命题，上面发下来的教科书的内容几乎涉及不到。这样一来，教科书和试题之间自然就会产生矛盾，学生即使熟读教科书，把书背得滚瓜烂熟，仍然会发现试题中有很多内容在教科书里从来都没见过，因此自然就答不上来。还有，学生即使很幸运地把题目都答出来了，因为出题者和评分者又不是同一个人，所以就算是相同的答案，有的学生可能被评为 A，有的学生也可能被评为 C，就可能出现两种完全不同的评价结果。

面对函授大学的课程可能发生的这些问题，又为了让学生顺利毕业，就必须在学生身上开发更深层次的学习能力，而不只是强调记忆能力。那么，作为一名讲课的教师，站在学生面前就应该接触和以往完全不同的优秀的教育方法。

在我学习和研究过的哈佛大学和福特汉姆大学就曾对外公开了一套“把不优秀的孩子变得优秀”的教育方法和技巧，而且这套教育方法被运用到教育一线的实际中去，学生的年龄不论大小都不受限制。

我在福特汉姆大学留学以及在哈佛大学从事研究活动时有过亲身的体验。留学初始，我仍然沉湎于传统的日本教育法，属于毫无学习能力的那类学生，但是因为得益于美国的一套优秀的教育方法，我的学习能力快速提高，并获得了美国最高水平的学位——教育学博士。

如今，我很感谢哈佛大学和福特汉姆大学教授这一套出色的教学方法，帮助我提高了自己的学习能力。我也希望越来越多的日本人，尤其是准备离开大学，即将走向社会展翅翱翔的年轻人能体验这种方法，借以提高自己的能力。我根据日本教育的实际情况，调整、践行了美国的教育方法，并把我的研究成果传授给东京福祉大学及我创办的其他机构的教师，再通过这些教师传授给在大学学习并修函授课程的大学生。

我所研究的优秀教学方法和新型的教学理念在日本是史无前例的，只要推行实施下去，就能把那些刚高中毕业的、被认为不是很优秀的孩子都变为优秀的孩子。当然这套教学方法可以让学生在规定的 4 年时间内，学完难度等同于研究生课程的本科函授课程，而且因为这套教学方法扎根于传统欧洲教育法的核心部分，所以不仅适用于东京福祉大学及其他机构，更是一个可以在各大高校广泛运用，称得上“高等教育法”的方法。

写作诀窍在于把握要点，提炼特色

言归正传。我之前提起我校大专学生开始函授课程学习，而函授课程存在上述自相矛盾的问题，那么这时教师必须在课堂上从那本具有高难度水平的教科书中指定某一片段，让学生一个个站起来朗读，然后向学生提问，考查学生有没有真正地理解课本内容。

让学生朗读函授大学课程的教科书就会知道，学生其实在开始时并未完全明白那些专业性词语和短句的意思，因此对于这一阶段的学生来说，教科书的内容根本就没有理解。但这并不是学生的责任，是日本的大学使用的教科书对内容没有仔细推敲，对文字也未精锤细炼。编写课本的人似乎算准了学生根本就不会正儿八经地看书，因此教科书里的文章结构不紧凑，同样一句话竟在两三页后再次出现，只是在形式上稍做了些改变，重复出现内容完全相同的句子，而且前后条理也不明晰，无论是论述的方法还是论述的内容，都只是在堆砌辞藻，意思含混不清，不知所云。

在日本，从小学到高中的试题都是经过了严格的筛选，教科书也编写得很精致。但是到了大学，不知道是否是因为编写者知道学生不会好好读书，至今有很多大学教材都是字句拙劣、晦涩难懂。

不用说，学习函授课程的学生读这样的教科书当然会觉得内容艰涩，无法理解了。教科书里一页页的文章（更严重的情况是一个个的单词），意思不明，上下文衔接不清，这样没有经过仔细推敲的书本，学生读得懂才怪呢。

考试问题也只有两三道题，想要从这样的教科书中找出相应的答案，再怎么努力也很难做到。因此这里就需要我们东京福祉大学的教师来助阵，教师需要钻研报告书的要求和试题内容，从其他参考书中找出可以作为答案的材料，筛选提取，整理成学生可以理解的教学参考案例展示给学生，让学生认真阅读，并通过讨论使他们充分理解案例的内容，再让学生在同学的面前将重点内容讲述清楚。在学生掌握了全部要点时，教师让学生把这些要点全部总结统合，再让学生有条理地按照自己的方式撰写成文。

如果在课上反复开展这样的训练，学生的学习能力就会逐渐提高，就可以应对函授大学的函授课程所要求的高水平的研究报告书和短篇论述题了。

哈佛大学和福特汉姆大学的教学法可重塑学生头脑

我听说在日本大专并修大学的函授课程，能拿到大专毕业证的学生虽然有很多，却无法拿到大学本科毕业文凭。之所以会发生这样的事情，是因为学生没有接受适合他们的教育。

针对这个问题，东京福祉大学及我创办的其他机构的教师一改以往的方法，使用合理的教育方法使学生掌握阅读能力、写作能力、思考能力，攻克难题，顺利完成研究报告书和考试题。

一般来说，日本的大学本科毕业生的阅读能力都相对差一些，他们无法将大型参考书目总结成具有独创特色的文章，写作也缺乏逻辑推理，在大家面前条理清楚地论述自己意见的能力也同样缺乏。

甚至连考上日本正规大学的学生也存在学力如此低下的现象，更别提刚高中毕业学习函授课程的学生，根本不可能期待他们拥有合格的学习能力。但是，还是要让学生朗读文章、理解文章，并用自己的语言进行总结。如果他们想要通过考试，就必须这样脚踏实地地努力和积累。这样方能一步一步地培养学生的阅读能力、写作能力、表达能力和思考能力。

对于教师来说，为自己准备好教学参考案例，学生才会对教师深表感谢并认真学习，这样的训练持续一年或两年，当学生升到大三、大四时，就会自己去图书馆寻找可以解决问题的参考书，认真阅读、仔细研究，并总结自己想要的资料。如此一来，学生可以不依赖背诵和记忆，为自己将来做一个真正有学习能力的专家打下良好的基础。

请大家考虑一下，想要通过高中升大学的入学考试也许靠的是记忆能力，但是，当我们步入现实社会时，每次遇到新问题就得靠自己想办法解决，而这时仅依靠单纯的记忆能力就行不通了。但是日本的学校却只开展记忆能力的培训，因此解决问题要靠记忆，就成了一个思维定式。其结果是上面给指令，下面一板一眼地实施，不动脑筋也不灵活变通，他们能想到问题的解决办法也只有这种记住指令、照搬指令的幼稚方法。年轻的时候或许这样照搬就可以了，但是到了一定年龄，必须得自己思考、判断。当需要负起责任的时刻到来时，他们就不得不放弃这种日式教育培养出的思维模式了。

在东京福祉大学及我创办的其他机构，教师在每次课堂中让学生的创造性思维能力都能得到锻炼，我校的教育体系在全日本都未曾实施过，因此我们也必须让教职员工不断地学习进取。

东京福祉大学及我创办的其他机构追求真正的教育，我们的专科学生如果报读东京福祉大学函授课程的话，就得让他们获得本科毕业证书和学士学位。为让学生顺利获得学位，我们就必须给学生提供深入浅出的课程，让学生顺利完成每门科目的报告书，并完成几千字或几百字的短篇论述题。对于出现教师不在乎学生是否能够听懂课的情况，我们一概予以批评与否决。

我并不是说日本的所有教育都不值得一提。但是日式教学方法里除了记忆还是记忆，学生无法回答出不同学校、不同教授提出的问题。在日本，用脑子记住的东西再复述出来就是正确的，这和江户时代的读写水平、算盘水平相差无几。如果只是记住就可以的话，那么就应将其记录成文，或拍照保存，复印下来，或用计算机来存储，这样不更方便有效吗？

东京福祉大学及我创办的其他机构针对大学入学考试落榜学生，或者那些日式教育中失败的学生，采用哈佛大学和福特汉姆大学所推行的教育方法重塑他们的大脑，让他们改头换面，成为优秀的学生。

真正的教育在于培养思考能力

日本很多教育工作者认为，学习就要死记硬背，把记住的内容写在考卷上就好，当然成绩好的学生记忆力就好，如果不早点消除这个较为严重的错误认知，还怎么培养 21 世纪活跃的优秀人才呢？

迄今为止日本的教育将重点放在了记忆能力，即对于人类而言并非十分重要的能力上面，而忽视了大脑的主要功能，即创造能力和思维能力。

我认为学校的教育应该培养学生的各种思考能力，在此简单介绍极其重要的思考能力的培养方法。

学校需要培养学生一定程度的思考能力，帮助学生推导出已经规定好了的试题答案。这种思考能力的培养虽在数学、科学、语法等科目的教育中有所应用，但是即便在这些科目中，仍然把重点放在了答案的内容和回答的形式上，却忽视了逻辑推理过程的培养，结果学生的思考能力根本得不到培养。

与其相反的教学方式是，在课堂上针对没有明确答案的问题展开讨论，只是这样的学校在日本似乎还未有耳闻。然而教育本身就是要求我们应该去深入地考察周围的各种问题，包括政治、社会或者经济，还有学术上的各类其他问题。这些问题往往没有尽善尽美的所谓标准答案，只有可能称得上答案的复述解答，而且这些复述解答绝非完美无缺或独一无二。但是从这些具有柔性的复述解答中，仍然能判断并挑选出较为合理的答案。当我们长大成人，在社会上奋斗，碰到问题的时候，绝对不可能仅仅只有一个所谓正确答案，其实会有各种不同的答案。即便如此也没关系，重要的是对问题的思考过程，即得出答案的逻辑推理过程。

如果学生把身边的最让他们感兴趣的问题，日常生活或者社会活动中最想解决的问题提到课堂上的话，他们就会各抒己见，得出不同的解答。

一般的学校对于这种发散性的课堂讨论往往顾虑重重，退避三舍，结果把对问题的思考过程排除在课堂外面。但是要是按照以往的大学入学考试的提问方式，以及深受其害的小学、初中、高中考试的提问方式，只能让学生背诵人名、时间、事件等内容的话，那么学生就不可能具备讨论所需要的思考能力。

迄今为止，不管哪一所学校，包括大学，都倾向于讲授那个“唯一的、所谓正确的答案”，重视记忆能力，忽视思考能力。我们幼时都会觉得许多的问题都有好几个答案，但是一旦进入小学就得舍弃这个想法，这就是现今的学校教育的弊端。对于我们来说，最重要的其实就是提出问题，找出妥当合理的几个相对正确的答案，并从中挑选出自己认为最适合的正确答案。

然而与此相反，目前日本学校提供的教育却是盲目遵守规则，只让学生机械性地记忆，鹦鹉学舌似的复述问题的答案。当这种所谓“唯一的正确答案”在各个学校大行其道，我们就无法让学生明白思考的重要性。教育不等同于机械背诵，当自己写出的答案是正确的时候，这确实令人舒服，但是，如果仅仅依靠记忆的话，我们的感受是平淡寡味的；而当我们独自思考、自行解决问题后，就会给人带来发自心底的喜悦和难以忘怀的快乐。

现在的学生一旦考上了大学，就会在考上的那一天忘记所有记忆过的东西，而且，那些花了很多年好不容易才背下来的内容，此生可能都不用去再一次回想起来。对于大多数人来说，背过的英语单词也不需要再去触碰，这样一来，即使学生当时能给出所谓的正确答案，但是那份喜悦也会在一瞬间消失。为了在得出正确答案后能持续地感受满足和愉悦之情，就必须拥有解决问题的过程，在过程中运用思考能力、判断能力，自行判断，自辟途径。

这好比我们站在人生的十字路口，经过深思熟虑做出正确判断，走出一条人生之路，这时我们会觉得幸福。如果学校教育能够培养学生的思考能力、判断能力、决策能力和解决问题等能力的话，这些能力会让学生一生受用，社会上也将涌现许多优秀的人才。

但是现如今教育强调的背诵能力，只会让优秀的学生感到无聊憋屈，让不优秀的学生感到挫折沮丧。反之，只有当学生开动脑筋、运筹帷幄，试图解决与自己日常生活和社会活动紧密相关、符合切身兴趣等问题的时候，或者当学生最后想出办法解决真实问题的时候，学生才能从心底感到满足。

死记硬背不会给学生带来真正的满足感，如果传统教育体系中嚣张跋扈的所谓“唯一的正确答案”的教育现象不能减少，不改变以背诵为中心的教育方法，那么这个教育制度最终会使学生慢慢丧失内心的学习欲望，学生的不满情绪也会逐渐升温。

如果学生不去记住自己应该记住的东西，学生就会遭受来自外部的压力，诸如学校工作人员的警告、惩罚以致停学等处罚，因此，那个只需死记硬背，机械性地重复就可得到的“唯一的正确答案”，根本不会给学生带来成功的喜悦，这是教育失去本身作用的一个重要原因。

无论学生还是家长都认为上大学不过是为了一纸文凭，大学毕业证书和各种国家考试资格证书才是真正值得在社会上炫耀，并且能够直接换成金钱或工资的王牌。但是学士和硕士学位的存在，其实并不是用来证明自己记忆能力有多好，它必须能够证明获得学位的人具有足够的思考能力、创造能力和解决问题的能力。可惜在信奉所谓“唯一的正确答案”，摒弃无法数值化的能力的想法之下，那些解决问题、思考问题、创造新物之类的教学方法，那些让人快乐、对社会有益的教育活动就会黯然失色，无法得到社会的公正理解。

把授课内容与实际生活紧密结合，这是教育的根本

现如今的学校教育尽在传授毫不实用的东西，一些学生熟

悉的，能够给将来生活带来光明和希望的知识几乎不涉及。即便讲授的内容和学生的实际生活有关联，教师也不会深入浅出地讲解其中的要害。如果用老幼皆知的语句清楚讲授，那与实际生活相关的难能可贵的价值就无法体现出来。结果就是学生会觉得在学校学到的东西与自己日常生活以及将来的人生一点都不沾边。

教师也不设法让学生感受课堂知识和身边事物之间的相互联系，学生自己也认为课堂学习的东西和自己眼前的、将来的生活无关，因此这样的教育效果肯定不理想。知趣的学生很快会看透其中的奥秘，就直奔主题去背诵所谓正确答案，考试就能拿高分，随即升入较好的学校。可是不幸的是，正是这些头脑清晰、考入一流大学的学生，当他们进入社会后，由于缺乏创造力、思考能力和问题解决能力，步入中年后也只能在公司坐冷板凳，无法起到关键性的作用。

我在此想代表学生要求教师，请教师在课上引入与日常生活紧密相关的内容。学生对当前课程不满意的原因就是课堂讲授的东西与生活脱节，与学生想要解决的问题脱钩。大约有60％的学生抱怨，在学校里做的事情和将来步入社会要从事的职业之间毫无关联。

学生的愤怨实际源自大学教育与实际生活的脱节，大学教育不涉及日常实际生活中所碰到的困难和问题，此类现象是从小学一年级开始就存在于整个教育系统的顽症。学生在长年的学习生涯中产生了一种挫败感。当学生步入社会后，因为缺乏解决实际问题的经验，又因为长期积累的挫败感，他们一旦遇见不顺心的事情就会不知所措，甚至大发雷霆。

学生有权接受与日常实际生活中的难题有关的教育，因此我提议：“教育的关键在于为学生讲授如何解决问题，以帮助学生解决生活中和未来职业中的各种问题。”

认真学习就可拿下博士学位、晋升高职

有些教材确实和日常的实际生活有关，会讲清楚应该学习和知道什么，然后就会对什么有好处，如同教小孩学习阅读和算术。这一点虽然很重要，但是如果不通过某种形式与他们的生活联系上，小孩马上就会厌倦，就会产生排斥心理。

我们必须向孩子们解释清楚，这些知识属于一般常识，哪怕作用不能立即显现出来，也要让他们相信学好后会对自己的将来有用，深信学习对于磨炼身心的作用。对于那些因为需要应付考试而不得不学习的科目，说老实话我也认为必须学习，要是教师自己也不清楚为什么这门科目需要编入大纲的话，要对学生如实说明自己不明白的地方，然后告诉学生尽管这样我们还得学习，这样做也能让学生理解。

如果师生关系亲密，学生聪慧敏捷、富有感性，教师时而选取学生感兴趣的话题，或生活中遇到的问题，通过班会、课堂讨论等形式与学生共同探讨，在提出问题解决办法的同时又能提供一些相关的参考资料，那么哪怕教师如实地向学生说明自己并不清楚这门课为何要编入大纲，也会让学生产生想要学习的热情。但是仅凭教师的坦率，是无法长久地把学生参与课堂的热情维持下去的，如果大纲里都是些与学生实际生活无关

的内容的话，就没有办法长期顺利地将教学进行下去。不修改大纲迟早会失去学生的信任。学生才不会去学习那些打心底就不感兴趣的东西，学生认为即使学了也是浪费时间。如果使用成绩评价的办法，来迫使学生记忆那些和实际生活不沾边和无关痛痒的知识的话，也只有记忆力超强的学生才能跟得上教师的节奏，对于那些记忆力差且有掉队之险的学生来说，只会带来截然相反的效果。我们必须努力打破学校教材与外面世界相差甚远的窘境。优秀教师会在课堂上讲授与学生生活相关的东西，学生学习让自己感兴趣的知识，让自己感受到学到就是赚到，让自己对学习充满动力，而这样的教师肯定是一位能充分理解学生，与学生心灵相通，学生愿意倾诉心里话的教师。

成绩是衡量教育成果的基本标准，学生无论在哪个阶段都以获得优秀成绩为荣，而成绩好坏也是学生能不能升入重点学校的依据。但是因为现如今的学校评出的成绩是测量学生在考试时是否能够准确记忆、是否按照规定书写内容，而不是测量学生的思维能力，所以即使学习成绩好的学生，毕业后也很难在社会上崭露头角。事实上在我录用的高校教职员工中，东京大学、知名私立大学的毕业生未必就是最优秀的，只能说明优秀教职员工中有几位是毕业于一流大学而已，也就是说在高校取得优秀成绩的毕业生走出校门后不一定就能得到很高的社会评价。

在当今教育体系中，尤其是高等教育的体系中，学生必须二选一，要么重视成绩，放弃发展思考能力；要么专注思考，不管成绩好坏。如果放弃成绩的话，就无望升学。但是如果只重视成绩，将心血完全倾注在提高成绩上的话，毕业了都不可能学会如何理解和运用所学知识。

话虽如此，但是现实社会中，即使有才能，如果成绩不佳，就连找工作、展示才华的机会都没有，这正是令人尴尬的一面。

我们知道人都是在不断地成长和变化，每个人都以不同的速度在成长，但是与此相悖，过去的成绩却一直保存在档案里，无法抹去。面对那些没考进理想大学的学生，那些即使进了大学，却因为是函授课程而感到不满意，觉得没有前途的学生，我会这样鼓励："既然进了大学，就要珍惜这个学习的机会。在日本一般的学生在考大学之前都会好好学习，但是考完后就不再学习了，你们只要拿出大学备考阶段的紧张劲头，在东京福祉大学认真努力地学习，那么你们将来就能拿下博士、晋升高职。"

即使不能考入理想的大学，只要在我经营的大专里选读东京福祉大学函授教育课程，那就能够参加东京福祉大学本科 3 年级编入考试，考上的话就可以和大学本科生一起毕业，此外如果拿到大学毕业资格证书，就有资格考入研究生院深造，为自己打开新的出路。我认识的一位大学教授就是从大专生编入大三，然后一步步走上来的。

对于学生来说，不应该仅有一次考大学的机会，还应该有第二次机会，甚至第三、第四、第五次机会，机会多一点，这对学生，对社会都不是件坏事，或者倒不如说，这对学生、对社会都会带来莫大的好处。如果年轻时没有考好，从此被贴上考试失败的标签，那么这个考生一辈子都可能变得灰暗阴沉，无法挣脱挫折感，这种状态无论对个人还是对社会都会造成巨大的负面影响。

客观题无法培养思考能力

客观题从其本质上而言，考察的是已知事物，因此根本无法培养学生的思考能力，解决社会中未知的复杂问题。客观题只强调结果和答案是否正确，却不去思考那些不是正确答案问题的重要性。客观题的正确答案只是考虑了已知的正确答案，而没有去考虑学生们尚未知道的、不确定的事物。正因为如此，客观题无法挖掘出潜藏在学生内心深处的创造能力和思考能力，何谈扩大学生的视野，更何谈培养学生勇于踏入未知世界的探索精神呢？

客观题对学生探求未知世界之心无疑是当头一棒，给学生泼凉水，阻碍学生深入阅读，封闭学生的视野，使学生对不需要考查的问题失去兴趣。学生看书时也只会去背诵那些黑体字标出的所谓重点，如此简单的学习过程让黑体字以外的文字失去了价值，就等于是作者白白消耗了墨水。

有许多客观题只要求学生记住该学科中的专业术语，结果教师在课上就光强调专业术语，而不带领学生去关注术语背后潜在的由来和思想。当然每个专业领域确实需要该领域的专业术语，但是很多特殊专业术语其实并不是非提不可的。

然而，对于采取论文形式的考试而言，如果事先规定不许在论文中使用难以理解的专业术语，否则就要扣分的话，那么学生就不会胡乱使用专业术语。

不允许翻书的闭卷考试是一个很不好的规定，大多数测验都要求学生死记硬背。考试时不允许带参考书入场是一个错误的想法，很多人认为，学生记忆简单知识胜过对多种参考书的综合参考。

律师、法官、审判员的司法考试就是一个很能说明问题的案例，日本的国家资格考试当中，最难的考试莫过于司法考试了。旧司法考试的论述题需要把案例囫囵吞枣地死记硬背下来，如同刻模板似的再一模一样地写在答卷上，否则就被判断为不合格。这也说明了日本旧司法考试的特点是只考查考生所谓出众的理解力和记忆力。

但是去律师事务所实际走访一番，就知道律师在应对客人法律咨询方面，肯定要参照过去的审判案例集，再和客人商量如何在法庭展开论述，是否要进行庭外和解等。面对实际问题时，即使是经验丰富的律师，也要先查案例集。既然是这样，那么在司法考试中也应该完全允许带案例集来回答问题，这样不但考验了应试者的记忆能力，也能明确地判断出应试者回答问题的逻辑是否合理（2006 年开始的新司法考试的考场上开始允许学生翻阅记载了最少限度法律条文的小型《六法全书》）。

考试的关键是考查学生能否充分利用教育中所获得的工具和信息，并对此进行组装和创新。不让看书，仅靠记忆的考试我想是违背了考试的初衷。在面对人生危机或重大问题时，我们会尽可能多地收集材料。为了解决困扰自己的问题，我们会咨询医生、律师、税理士①和其他专家，或去询问政府机构工作人员。如果是简单的问题就去问朋友、父母、亲戚或者翻看专

① 税理士：相当于中国的注册税务师，专门代理或帮助纳税人履行纳税义务的税务专家。

业杂志。我们在解决问题的时候很少依靠记忆，然而为了这少见的情况，就让学生去死记硬背、准备考试，这就违背了考试应该具有的目的。如果让学生在考场带上课本、参考书、笔记之类的材料，允许学生翻阅参考资料，寻求解决问题的方法，这样的考试方法能够教会学生快速有效地使用参考资料，让学生思考需要怎样的参考资料，掌握灵活运用知识的办法。这样既培养了学生的思考能力，也培养了学生发现问题和解决问题的能力。然而现行的考试不允许携带任何参考资料，只依靠记忆，于是教育本应培养的学生的解决能力和创造能力付诸东流。

我们日常生活中的问题往往不只有一个正确答案，解决问题的主体不同，所处社会环境的不同，就会得出不同的答案，这很常见，因此多种正确答案也未尝不可。不过答案的推理与导出必须正确无误，要经过论证。另外，最佳解决办法也必须能够经得起现实社会的考验和证明。

〈**资料 2**〉

活动报告书

东京福祉大学每年在美国举办夏季短期研修活动。以下是参与的教员撰写的研修报告书。夏季短期研修历时一个月，每年 7 月至 8 月实施，前两周在笔者留学的母校，位于纽约的福特汉姆大学，后两周在笔者作为访问学者的哈佛大学。晚上借宿两所世界顶尖大学校内，白天由美国福祉专家、医疗专家和研究生院的教授讲授专业课程，还有机会前往当地的医疗和福祉机构实地参观并参加志愿者活动。

美国夏季短期研修活动报告书

东京福祉大学专任讲师
国际关系学博士　市川美南子

2006 年 8 月 18 日

7 月 17 日至 8 月 12 日我有幸赴美参加了学校组织的夏季短期研修活动。在中岛总长取得博士学位的纽约市福特汉姆大学，和总长作为访问学者的马萨诸塞州剑桥市哈佛大学两所高校各停留了大约两周时间，在美国的一流大学聆听了专家讲座，参观并访问了处于世界前沿的美国福祉与医疗机构。出发前我基本了解了本次研修活动的内容，不过亲自体验过后才真正体会到其中的精彩之处。

我为了取得博士学位，在英国度过了 7 年时间，在此期间，我走访过欧洲、中东、非洲等许多不同的地区，但却一直没有机会好好接触美国，只是花了些时间去洛杉矶拜访了几位熟人而已。我的专业是国际关系学，对冷战后的超级大国——美国向来兴趣浓厚，憧憬有朝一日得以在美国待上一段时间。这次我通过研修带队的形式在美国逗留了近一个月时间，在处于世界政治、经济、文化、学术的中心亲身学习和参观，对此表示由衷的感谢。

我们一开始在纽约度过了两个星期，纽约的确无愧为世界经济和文化中心，这个城市富有魅力，没有辜负我们的想象力。在前往参观福祉机构的大巴上，我们沿途经过了市中心，还经过了郊外的住宅区和贫民窟，窗外的街市风景也呈现出美国的不同侧面，让我看到了一般的观光旅游路线无法看到的景观。在参观完福祉机构后，我们更深入地了解了福祉、医疗等各个领域的专家相互协作的工作风貌。他们帮助老人、精神障碍者、智障儿童等需要支援的人群，让他们能够独立自主地作为社会的一分子生活下去。总长获得教育学博士学位的福特汉姆大学和日本上智大学一样，都是天主教派系大学。正如总长经常强调的课堂教学方式那样，我们在福特汉姆大学聆听的讲座，让我们深刻体会到什么才是能够真正培养学生能力、富有效果的课堂教学。给我们讲课的教师，使用幻灯片、录像、卡片等教具，一边展示一边讲解，整个课程还配有口译员专门为我们翻译。讲座内容丰富，虽然存在语言沟通上的不便，但是讲座深入浅出，学生听得兴致勃勃。

之后的两周在哈佛大学所处的马萨诸塞州剑桥市度过，这儿虽然与纽约不同，但是同样给我们留下了深刻的印象。我的专业是国际关系学，哈佛大学的国际关系学专业自然也很厉害，有不少举世闻名的学者，十分令人憧憬。在哈佛大学聆听的讲座，内容多和福祉政策和福祉制度相关，这对于社会科学专业出身的我来说颇具吸引力。总长在《二十一世纪高龄者福祉和医疗——日本和美国》（Minerva 书房出版）一书中也详细介绍了美国如何降低医疗费用，同时又如何保护社会上最需要帮助的弱势群体等内容，在哈佛大学学习美国的福祉政策和医疗让我们受益匪浅。美国的政府顾问大多是福祉政策和医疗专业的教授，他们熟知最新政策动向。无论日本还是美国，人口老龄化都在日益加剧，都面临着必须降低医疗费用的压力，为了给老年人提供必要的支持，医疗、福祉等各领域的专家必须携手合作，不仅提供以住院为主要手段的护理服务，还要动员整个社区的力量，帮助病患者和医疗机构使用者提高自理能力，恢复日常生活。

同去美国研修的学生在参加讲座、访问机构时频频提问、分享感受，可以感觉到立志成为福祉专家的学生们，通过在美国的听课和访学，获得了思考日本福祉新课题的启示。在哈佛大学举行的开课仪式上，斯堪的纳维亚活动中心——老年人福祉机构的创立者乔·卡雷拉告诉我们，他年轻的时候以北欧的研究为基础，创立了当时美国前所未有的新型福祉机构，他也鼓励东京福祉大学的学生趁年轻的时候，走出国门学习国外的社会结构，这些国外的学习经验都十分重要。

在福特汉姆大学举行的开课仪式上，社会福祉研究生院院长彼得·鲍恩博士莅临会场，在哈佛大学举行的开课仪式上，文艺学研究生院副院长麦克卡巴纳博士和法学研究生院的职员莅临会场，麦克卡巴纳博士一遍又一遍地对我们说着“欢迎来到哈佛”。我感觉到东京福祉大学举办的美国夏季短期培训项目在美国一流大学也得到了认可。

福特汉姆大学和哈佛大学历史悠久，教学和研究硕果累累，这两所一流大学多年来一直欢迎来自像我校这样一所相对年轻的高校的研修人员前往学习参观，并让我们使用他们的教学设施，这确实难能可贵。负责安排短期研修各项事宜的协调人员从哈佛大学的设施负责人那里听说，有很多进修活动和国际会议都希望使用哈佛大学的设施，但都被拒绝了。在这么抢手的情况下，东京福祉大学连续十多年使用哈佛大学的教学设施，其中一个理由就是我校的美国夏季短期研修项目特色鲜明、内容丰富。玛格特·吉尔学艺研究生院院长在哈佛大学举行的开班仪式的演讲中也特别提到，在访问哈佛大学的众多大学中，东京福祉大学以其显著的特色，周密的计划使人印象深刻。学生在参加了美国夏季短期研修后，通过参观、访问，和当地擅长日语的学生进行交流，从中学到了很多东西。而我作为教员，不仅学到了美国的社会文化知识，也学到了校际交流的方法。我们衷心感谢为我们创造本次交流机会的总长，感谢在美国照顾我们的诸位教师以及参与研修、招募参加者和做准备工作的我校教师。

〈资料 3〉

拿下资格证书，赶赴一线学习

“总之，大家记住这些内容，考试就能合格。”东京福祉大学（伊势崎市山王町）9 月中旬举办的社会福祉士资格考试讲座上，中岛恒雄总长（59 岁）的声音响彻讲堂。乍一看还以为是升学辅导培训，而总长的意图却在于让学生考取资格证书，“因为真正的福祉工作不到现场不得而知，所以你们首先要拿到资格证书才行”，总长会不定期地开设国家考试对策讲座，亲自上阵，指点迷津。

听讲座的人群里除了学生还有该校教师，大家在聆听中岛总长的教导和激励后开始提问，讲座结束后，当总长确认“有没有学生答错”时，全场肃静，无人举手。

“学生需要的是资格证书，我们必须帮助学生完成这个心愿。”据说2006年，该大学及总长创立的其他机构学生通过社会福祉士和精神保健福祉士[①]国家资格考试的人数高达1000人，居全国高校之首。

参加讲座的福祉心理专业4年级学生富冈真利惠（21岁）谈道：“讲座通俗易懂，听了就能记住。”教师森下早苗（26岁）也有同感：“讲座围绕要点展开，针对性很强。”

国家試験対策講座の教壇に立つ
中島恒雄総長　（東京福祉大）

キャンパスだよ

「資格取り、現場で学べ」

受講生を見守る
中島総長（右）

「とにかく暗記。それで合格だ」。東京福祉大（伊勢崎市山王町）で9月中旬に行われた社会福祉士の受験用講義で、中島恒雄総長(59)が講堂に声を響かせた。一見、予備校のようだが、中島総長は「本当の福祉は現場に立たないと分からない。だからこそ、まずは資格」と話し、不定期で国家試験対策講座の教壇に立つ。

受講生には、学生に交じり、同大教員の姿も目立つ。受講者は、中島総長の叱咤激励を受けた後、用意された受験用の問題を解いていく。講義最後の確認で「間違えた人」と問いかけると、手を挙げる受講者はいなかった。

「生徒らのニーズは資格取得。それに応えないと」。同大グループでは2006年、社会福祉士と精神保健福祉士の国家試験の合格者数が1000人に達し、全国トップだったという。

受講した福祉心理専攻の4年富岡真利恵さん(21)は「覚えやすいし、分かりやすい」と評価し、教員の森下早苗さん(26)は「ポイントを絞って教えてくれる」と話した。

中島総長は「能力を生かせられないのでは生徒が気の毒。資格を取って現場に立ち、福祉の生の姿を学んでほしい」と話している。

中岛总长考核学生学习效果

中岛总长总结道：“学生要是不能充分发挥自己的实力是一件很让人惋惜的事情，希望所有学生都能拿下资格证书，到福祉机构的工作实践中去学习真正的福祉。”

（《读卖新闻》2006年9月30日群马县民版）

---

① 精神保健福祉士：在精神障碍者的医疗、回归社会的过程中提供咨询、援助的相关人士。

第三章
高等教育必须改革创新、自我充实
——培养学生能力的教育体系

高等教育从卖方市场转型买方市场

摄于哈佛大学创始人

约翰·哈佛像前

高等教育多年以来一直是考生数多于学校数，是一个由高校掌握主动权的卖方市场，因此高校一直通过设置入学考试来筛选、招录学生。但是随着高中毕业生的减少（日本 18 岁人口 1992 年达到 205 万的顶峰，之后持续减少），今后掌握主动权的一方将变成学生，高等教育即将变成学生掌握主动权的买方市场。

优质的学生必然会选择就业前景好的优质大学，那些不受学生欢迎的院校，还有那些教学效果相对较差、国家资格考试通过率偏低的大学只会招来一些不适合上大学的学生，使得高校无从教起，最终导致学校的教学崩溃。一旦大学被逼到这种地步，终将失去社会信用，就会出现生源不足，导致经营崩溃（如果学生人数不到规定的一半，就申请不到日本文部科学省发放的补助金），因此日本文部科学省也指出过个中危害，要求大学改善教育方法和研究方法。

面临如此危机，大学最近总算开始关注课堂教学效果，展开竞争，这将愈加拉大大学之间的差距，而社会和企业对大学的评价也会变得越来越挑剔。

随着时间的推移，最终会出现两种大学。一种是响应社会的实际需求，改革教师理念，提高教学效果，以国家资格考试和公务员考试的合格人数等客观数据赢得社会认可，从而招到学习热情高涨、成绩优秀的学生，成为享誉国际、实用性强的高水平教育机构；还有一种大学在竞争中阵脚大乱，招不到学生而被社会淘汰。后者最根本的问题是对改变教师的教学理念束手无策，也没有力度让教师改变教学理念，提高课堂教学效果。

有的大学只是为了搭救那些毫无学习欲望、不符合高等教育条件的学生，收取高额学费，给学生提供轻松的休闲“乐园”，这样的大学最终成为社会的寄生虫，用不了多久就会销声匿迹。

尽管危机迫在眉睫，但是在大学执教的教师当中，有一大部分人一旦成了教授就想安闲度日，完全没有危机意识，难怪

“日本的大学提供的不是学习场所，而是游戏场所和玩耍机会的乐园”这种不良评价在日本广为流传。

出国留学的亚洲学生都曾讲过，如果特别优秀，想要做学问的话那就去欧美的大学或研究生院，如果想兼职赚钱的话就去日本。事实上，与在美国留学获得的文凭相比，在日本留学获得的文凭只能说明日语水平过关，不会受到很高的评价。仅仅会一点日语的日常会话，在学术界起不了任何作用，这样的说法虽然有些夸张，但是亚洲各国就是这样评价的，这恰好也是日本大学的学术水平低于世界其他发达国家教育水平的一个真实写照。

不切实际的教学内容横行课堂

面临学生人数减少的危机，寻找幸存之术的大学不仅把改革的重点放在了学术研究上，也开始重视以学生为主体的教育，乍看起来他们的举动似乎是把教学放在了研究之上。

但是，当大学或专业为了凸显其特色而改编课程体系时，如果其目的只是改革课程体系，那么来自大学内部的教师的阻力就会相对较小，这样的改革从课程设置的外观上能做到标新立异，其想法是单纯的。

可是即使重新编排了课程，课程名称也圆满地满足了社会的需要，但是每门课程的内容也要做到必须满足作为顾客的学生的需求、满足社会各界的需求，也要做到既有其实用性，又能让学生学完后立刻能派上用场。

要做到这一点，当务之急是教师必须改变对课堂教学效果的认识，然而就目前日本文部科学省所规定的大学课程设置基准而言，教师资格审查只是针对任课教师担任科目的研究业绩，而不包括教学中不可或缺的口头表达能力、教学方法和教师的人格魅力。

其结果是随着高等教育的大众化，在适龄青年中近半数人都可上大学的情形下，教师依然相信“研究优于教育”，或者以此为借口，掩盖自己对教学改革的冷漠甚至是心有余而力不足等现象。很多教师仍旧在课堂上轻声讲课，十年如一日地读着陈旧的教案笔记，课堂气氛无聊至极。

神奈川大学樱井邦朋教授在《大学教授之所以不辞去工作》(川城洋编著，《日本时报》，1995 年）一书中写道：“因为没有在同一门科目里设置多位教授负责制，优胜劣汰的竞争原理起不了任何作用”，并且“教授彼此孤立，也不和其他教授展开学术上的交流探讨”，这种现象让“教授丧失智慧”。此外，樱井还说：“教授作为专家意识根深蒂固”，导致“他人无法插手”。由于谁都不了解自己，不批评反思自己，所以教授自身就越来越封闭；由于教授相互之间不交流，所以就没有机会自我改善。一旦当上了教授便安然度日，因此说再没有比教授更轻松的职业了。

当教师站在讲台上讲课的时候他就是一班之主，不受任何人影响。在“研究自由、教育自由”的名义下，他们不改革教学方式，不设法培养优秀的孩子，一直重复着陈旧的教学笔记，课堂毫无任何生气。这样的教学氛围还衍生了一种风潮，否认课堂内容应便于学生理解，把“教师在课堂上发挥创意和才智”视为歧途，甚至藐视提高学生能力的教学方法。

这就是目前的大学现状。

最近，日本文部科学省考虑教育改革，要求强化教育研究之功能，培养学生在国际舞台发挥积极作用的能力，灵活应对社会人士终身学习的需求。具体来说就是要充实教学内容，重视培养学生步入社会后所需要的能力，培养具有一定高度课题探究能力的专业知识人才，推动国外留学，加强外语教育等。不可以在一个班级里塞上几百名学生，再由教师单向地传授陈旧的讲义。要像东京福祉大学集团院校那样，采取少人数班级教育。文部科学省还提议，今后高校还要进一步推进讨论式、双向式授课，以此作为提高学生能力的必要手段。

死记硬背的填鸭式应试教育无助于提升学生能力

日本有很多学生从小就在学校死记应试知识，饱受填鸭式教育之苦，他们为了考入名牌大学，把在竞争中获胜当作人生的最大目标。也就是说，更多的学生不再主动学习和掌握知识，而是想着只要记住学过的东西，就能提高偏差值，考入好学校，他们也错误地认为，人生的全部问题都能通过记忆得到解决。

重视偏差值的教育会使孩子们原有的创造力和好奇心在萌芽阶段就被掐断，得不到健全成长。孩子对事物进行逻辑思考、分析判断的能力也会遭到扼杀。更进一步地讲，若学生持续接受填鸭式教育，只追求一个正确答案，那么最后，当学生考入的大学要求他们具备独立自主的学习能力时，这个新的环境就会使他们不知所措，烦恼不堪。

考大学只不过是青春时代的一个人生关口，而学生却容易把它错看成人生最大的目标，当目标达成，也就是考入大学，成为大学生时，忽然就失去了努力的目标和前进的动力，患上了“五月病”①。也有学生从小学开始就从饱受应试教育的烦恼中彻底解放出来，安然地沉迷于玩乐和打工赚钱当中，完全丧失了对学习的热情。可悲的是，在现今的全日制大学里这样的学生占大多数，再加上高等教育大众化的影响，学生素质低下的趋势变得愈发不可收拾。

最能体现高等教育大众化的危害的，莫过于学生阅读写作等基本学习能力了，学生已经习惯了单纯的正误判断题，基本学习能力十分薄弱。

随着高等教育的大众化，即使是在精神上不适应高等教育，或者在能力上跟不上高等教育的年轻人也开始获得升学机会，但是他们在大学里接受的教育，并不像美国大学那样容易理解又具体实用，日本的大学有不少抽象晦涩、玩弄概念、不知所云的课程，虽然高校设置的课程不尽如人意，但现在开始居然要求学生拿出自主学习的态度来。

对于这样的高校教育环境，以玩乐为目的进入大学的学生肯定难以习惯。因为上课无聊，所以不少学生打瞌睡、讲悄悄话、迟到、早退、缺席等，就连东京大学这样的一流大学也同

① 五月病：日本新生入学、新人就业一般都在 4 月，有些人没能适应新的环境，到了 5 月左右会出现精神不稳定的状态。

样如此。不认真听课的学生程度虽然有轻有重，但是几乎所有大学都会出现这类学生，他们营造出的可随意玩耍的气氛严重影响和妨碍了认真学习的学生。

高等教育大众化带来的弊端还有很多。我一再强调，教学态度懈怠的教师仍然一如既往地重复同样的讲义，不认真备课，把学分送给学生，放手让学生取得学士、硕士学位。这种做法非常符合缺乏学习热情的学生的心意，不想学习的学生可以摆脱学习的痛苦，即使不学习，只要交了学费就能获得大学毕业文凭，因此他们很欢迎上水课的教师。

与学生学习态度的懒散相比更为严重的是教师的问题，有些教师经年累月地念叨着同样的讲义，有些教师只要学生注册了学籍，学生即使不来上课，平时分也痛快地打优，更有甚者误以为深奥的语言就是有学问、有水平，课教得没人能理解，让人感觉连教师自己都没有搞明白授课内容。

大学教授的怠慢和学生的懒散构成了目前日本的大学的现状，长久来看，在今后的时代中这样没有内涵的大学是无法生存的。

忽视学生（顾客）和社会需求的大学无法生存

随着学生人数的减少，高等教育开始转变为一个学生拥有主动权的买方市场，这个转变促使大学开始重视具有实用性的理论，也给高等教育改革带来新的活力。大学迄今为止所做的决断，都会在教授会上讨论通过，比如在教授会上讨论是否以考分来决定入学考试是否能够合格，这也意味着大学招生只看分数就可以了。

但是，在今后以学生为主的买方市场中，学生就相当于重要的顾客，大学必须不断地调查和分析什么样的学生想要什么样的切实服务，并且不断地调整战略，适应学生的需求。换句话说，大学有必要把教育理念从以学术研究为中心转向以学生（顾客）为中心、课堂应讲授充足而务实的知识。

作为顾客的学生，在交付学费的同时会要求大学提供具有实际意义的教育，使自己在就业时能向社会高价推销自己的附加条件，体现自我价值（能力、知识、实用的专业技能），学生与大学之间的这种供需关系与服务观念是美国高等教育的常态。

学生一旦成为消费者，就会对被提供的教育服务质量产生疑问，因为社会要求的人才并不是“没有接受过个性化教育或听话的学生”，而是“具有专业知识、广博的素养，会思考、发现问题、解决问题的学生”。学生和他们的父母当然开始要求大学提供能满足社会需求、有利于就业的教育服务。反过来从大学的角度而言，大学必须以社会的需求为使命，将教学内容转移到专业而实用的知识上，培养学生的阅读能力、写作能力、思考能力、解决问题能力，向社会输送高质量人才。

进入 21 世纪以来，学生作为庞大顾客群体的需求和社会对人才培养的需求会愈发鲜明，如果无视学生和社会的需求，那么大学将难以生存。大学必须时刻预测、准确把握学生和社会需求，同时又要突出大学自身的个性特色，把教育目标定位在实处，开发与之相匹配的课程，让学生在课堂上得到锻炼。

此外，理所当然的是，大学晦涩难懂的研究绝不能优先于教育。教师轻视教学内容导致学生几乎不来听课的话，这些教师就会被淘汰出局。

教育就是让学不好的学生学好，改变学生的学习方法

想要成为幼儿园、小学、中学、高中教师，就要取得教师资格，就必须进修教育原理、教育心理学、教学教育法等科目，还要经历教育实习。换句话说，要参与上述教育工作的人员就必须接受有关教学方法的基础培训。但是大学教师竟然不需要接受这种教学方法的培训。

想要成为大学教师，迄今为止的基本资格是学历和研究成果，高校录用教师关键看其专业领域的著作、论文发表数量，而不在乎这些成果的内容和质量。换言之，只要作为研究业绩的论文数量达到要求就能成为大学教师，无论教学方法有多差劲，甚至性格与能力上完全不适合教学也能成为大学教师。

由于大学教师都是学者，所以很多教师习惯性地认为科研比教育更重要，“教育学生、培养学生的思考能力”不是本职工作，认为学生应该一边看着“教师的背影”成长，一边自觉地学习。这种现象已成为一个不争的事实。

但是，明治时代的大学升学率仅为百分之几，是典型的精英教育。与此相比，现如今的大学近半数年轻人能够升学，高等教育早已成为大众化教育，这两个不同时代的大学虽然同样称为大学，但是其本质却完全不同。现在的大学教育的对象不再是当初的那些能够闻一知十、素质高超的精英学生。现在的

大学教育，应该通过简单易懂的课堂引导，逐渐让学生提高素养，掌握各种务实的专业知识，在夯实知识的基础上，进一步培养学生理解问题、思考问题的能力，为他们将来学习专业性更强的知识打好基础。在培养能力的过程中，让从小就没能好好发挥出能力的孩子转变成能干的孩子，让他们对学习有自信。

但是，资历丰富的教师往往沿用自己学生时代的旧式指导法，认为只有恩师的言行举止才能成为真正的教育，正由于这些老教师的因循守旧的价值观，才让他们忽视课堂教学，不为提高教学效果动脑筋，不在教学方法上下苦功。

大学教师没有任何理由可以马虎对待教学指导，大学教师学习有效教学方法就会损害该教师的权威，这种想法也是错误的。反之，教师学习如何培养学生思考能力的教学方法，绝不是一件不光彩的事情。

在美国的大学和研究生院，如果学生对课程不满意，教师就会失去学生的信任，不能继续留任教学岗位。就连专门培养研究人员和精英学者的为数不多的几个大学也是一样的，不论教师的研究成果有多优秀，如果教学能力欠缺，那么一年一签的合同就不得不终止。

在美国，大多数大学都不提倡以培养研究人员为中心，他们要培养现实社会中的有用人才，美国把教学方法放在教师工作的首位，把研究放在第二位。正因为如此，每个教师为了吸引学生，都会去开发独特的教学技术，全力以赴地研究、完善有实际教学效果的教育方法，设法把不优秀的孩子培养成优秀的孩子。

1967 年哈佛大学为改善教育内容和教育方法的师资培训建立了培训中心，1991 年，该培训中心以大学教师为对象实施培训，之后更名为德里克·博克教学和学习中心，培训中心以实用教学技术为主向教师讲授教学方法，该师资培训机构研究的教学技术直接服务高校课堂教学，实用价值较高，受到全世界瞩目。

“协调学生、提高效果”的美式课堂教学法

前章已提到，今后的日本，18 岁以上人口会越来越少，如果大学的招生名额维持现状，那么大学入学考试就会变得更加容易，之前那些没有考上大学，不得已放弃升学的学生将来也能顺利考入大学。据说 2007 年将进入“大学全入时代”，其结果自然就会导致学生基本学习能力下降，而且低于以往的任何时候。对于学习能力薄弱的学生，我们无法期望他们能够做到自主学习，因此必须要求教师在课堂上发挥比以往更强的指导能力，把那些从小就无法适应学校教育的孩子培养成优秀的大学生，让他们感受到“只要做了也能成功”的喜悦，帮助他们树立自信心，能够做到这一点的教师才是真正有实力的教师，今后的社会需要具备这种能力的教师。教师还必须通过在课堂中组织讨论或辩论等师生互动形式，营造师生共同学习的氛围。

故在此我向大家介绍美国课堂上实行的协调学生、提高效

果的教学方法，这和社会福祉学中使用的“集团援助技术”十分相似。这个教学方法如同指挥管弦乐团一般，旨在协调教室里的所有学生，引导学生之间相互对话、互相学习，最大限度地提高教学效果。此外，该教学法试图让学生保持正确的学习态度，积极地在课堂上发言提问，或直接向其他学生提问，通过提问等课堂活动来集中精神、培养兴趣、提高学习的积极性。该教学法致力于营造一种能够增强学生学习效果的课堂气氛，通过学生之间的相互提问、相互阐述，让学生感到彼此的差距和自身的不足，受到些许刺激从而激发学生学习的动力。

遗憾的是，日本只有少数学生把大学当作学习的场所，积极主动地学习知识。实际上，大多数学生在跨入大学时就几乎没有学习目标，也没有学习欲望，因此，要想教育这样的学生还必须要考虑相应的教学技巧。

总之，想要提高教学效果，不只是将学生限制在规定的范围内进行管理，最重要的是要让每个学生都鼓起干劲，让他们意识到通过学习获得的知识很实用，会对自己的将来带来益处，作为教师这一点切不可忘记。

学生特别在意同班同学的评价

学生往往喜欢在教室后面远离讲台的地方占据座位，其原因各种各样，有的不想正面直对教师，有的不愿被叫起来回答问题，有的不想好好上课，只想保持出勤率，有的为了和朋友说悄悄话，还有的想睡觉等。

为防止此类现象或问题的出现，教师需要把握选课人数、考虑教室大小，从前排开始让男女生交替就座，不能让关系好的男生小团队和女生小团队坐在教室后面。只有采取好朋友之间分开坐，才能防止上课时说悄悄话这种现象。其实让同性别的同学挨着坐也不太好，只有男女混坐，而且同桌是不熟悉的异性、年龄差距较大，或者学习能力不同的学生坐在一起，才能使学生集中精力上课，教师必须明确指定哪个学生必须坐哪个座位。

迟到的学生接二连三地进教室会影响上课，因此一定要让他们坐在最前排。迟到的学生必须坐在教室最前排的位置，而且一进教室就让他们站在大家面前说明理由，这也很重要。

学生会极其在意自己在同学心目中的印象，当他们意识到由于自己迟到而打扰了同班其他同学，就会十分在意同学怎么看待自己。

此外，也有学生在课堂上窃窃私语、打瞌睡，这是日本大学课堂上独有的严重问题，针对这样的学生，用对话的方式向他们多次提问，可以很好地防止他们上课说话和犯困等不良现象的出现。

而在美国，由于大学的学费昂贵，学生为了对得起付出的学费而集中精力听课，根本就没有工夫在课堂上讲悄悄话。

采用上述课堂管理方法的话，一开始学生可能会感到不习惯，但第二次、第三次他们态度就会慢慢改变，几次之后就完全习惯，能够安静地上课，最终学生们会认为这位授课教师是校内“在课堂上不允许讲悄悄话的教师”，从此收敛自己，不再交头接耳和打瞌睡了。

让课堂气氛适当紧张起来的教学技巧

课堂上总有学生光明正大地睡觉，是因为课外兴趣活动累了，还是因为打工和玩耍而睡眠不足？或因为体质虚弱等？不管是什么理由，趴在桌上睡大觉，这不应该是课堂上出现的现象。打瞌睡和说悄悄话一样，都能在上课晦涩难懂、毫无趣味的任课教师身上找到一些责任。

很多任课教师都会在打瞌睡和说悄悄话之间比较好坏，说“安静睡觉不吵别人，比交头接耳强一点”，但是在课堂上，如果有学生趴在桌子上光明正大地睡觉的话，就会分散周围学生的注意力，让整个班级的气氛变得松垮，因此打瞌睡也会严重影响课堂。

为改变这些课堂上出现不良现象，我校教师会点名让学生起身朗读教科书、阐述要点、谈论想法，让学生一个接一个地站起来参加课堂活动，教师根据学生的想法和意见掌握学生的理解程度，再按照学生的水平进行授课，适当的紧张感也会让课堂更加活跃。

如果学生写的课程论文中有特别优秀的内容，那么在取得学生同意后，将其复印并分发给全班学生，在大家面前展示他的作品。被选到的学生自然深感自豪，从此更加努力。同班同学听了被选学生的解答，感觉“这样的水平我也写得出”，从而有信心、积极地投入学习和考试中，可谓一举两得。

如果课程内容学生听不懂，学生的思考能力也得不到提高的话，那这门课就没有意义了。在课上必须挑选学生关心的知识，或者让学生感兴趣的相关话题，还要加入学生经常关注的现实社会问题、个人问题等具体问题，讨论问题的解决方法。也可一边提问一边摸清学生的兴趣，结合课程内容巧妙回答学生想知道的事情，以师生对话方式进行授课，这是最好的教学方法。

在日本，大家一直都认为学问与现实社会问题无关，而美国人则完全不这么认为。美国人认为学问就是用来解决身边那些有意义的问题，学问就是使钱包鼓起来的工具。因为日本人把学问和现实生活脱节开来，难怪越来越多的学生不关心学问，对学习失去兴趣。因此我们有必要重新认识学问，把学问与现实社会紧密联系起来。

教师课上最好不要使用晦涩难懂的专业用语。如果教师课堂上讲授的内容与语言，不是学生能够理解的和浅显易懂的话，很多学生就会无法理解，思考陷入停止状态，教师的话就听不进去，结果犯困的学生、说悄悄话的学生就会增多。那些不符合学生理解能力和兴趣的课堂，不过是教师为了满足自我需求而展开的课堂，这样的课堂在美国会被认为毫无价值。

学生心里明白教师孰优孰劣

学生辨别教师好与坏的能力是惊人的，他们会对不负责任和没有热情的教师给予严肃的批评。如果教师上课不为学生着想，无论讲课讲得多么有趣，也得不到学生发自内心的好评，这样的教师往往在背后被学生当成笑柄，而教师本人却不知情，简直就像在演丑角戏。

对把学校当作乐园的学生来说，重视自主学习的大学课堂是痛苦难熬的，但是指导教师不能对这样的学生睁只眼闭只眼，必须想办法改变他们对学习的认识和态度，引导他们认真上课。

要教育这样的学生绝非易事，他们内心的焦虑和懒惰已经成为改变他们的阻碍，教师必须引导学生用自己的力量去克服自身负面因素的影响，改变他们对学习的认知。

想要改变一个人，根据变化理论有以下三种方法。

第一，和学生分析清楚利害关系，让他们知道接受教育，成为好学生，变成会思考、有能力的人，这样会给自己的人生带来物质上的利益（比如高收入或高工资）。

第二，教育学生并让他们明白，通过教育能让自己拥有发现问题、解决问题的能力，还能提升自己，这样的学习对未来的人生十分有用。

第三，如果上述两种方法仍不能让学生自觉地改变学习态度，教师就只能强制地让学生去改变，让学生意识到必须朗读课本、论述意见，积极参与课程。

至于选择哪种方法来引导学生要根据每一个学生的教养程度和思考方式决定。

不管采用怎样的教学方法，有的学生会认识到学习关系自己将来的物质利益，即高收入、高工资，从而自行端正学习态度；然而也有的学生必须用强制手段才能端正学习态度，教师要做到因材施教，对付这两种学生时应采用不同的教学方法。

也有学生说："学不学是我个人的问题，我说了算。"这时教师千万不能退缩、放弃管教学生，因为强制学生去学习也是教师的职责所在。教师还须为学生设想，让学习内容显得亲切生动，讲课所用的语言连小学生都能听得明白。此外，教师还要诚心对待学生，让学生敞开心扉，这也是教师的分内工作。

基于教学参考案例的学习

东京福祉大学集团院校的教育体系十分重视教师的备课。

提高学生实力的地方是课堂，在课堂上为了能够提高学生的能力，教师需要充分备课。极端地说，如果这个课准备得完美，那么学生的实力真的会提高，即学生实力的提高取决于教师在备课上所下功夫的多少。学生在东京福祉大学集团院校学习的同时修读该大学的短期函授课程的各门科目，任课教师必须制作教学参考案例。

教学参考案例不只是用于课程教材的展开，还代表了每门课的精髓，学生要动脑动手找出课程要点、归纳总结，这样才能准确理解课堂上教师要讲的内容，才能把握课程的核心。

学生一边上课一边自己组织语句来总结知识要点、表达自己的意见，这样学生的作业水平就自然接近了大学函授课程要求的报告书水平和试题解答水平。也就是说，教学参考案例可以帮助教师明确授课内容，也是帮助学生理解知识、积极参与课堂互动的手段，在课后亦是教师反省课堂效果的重要资料。

下面列举由各位教师撰写的若干参考案例学习方案，这些案例由各位教师撰写，并经过了我的删减、修改。在教师开始给学生上课之前，我一定会定期地检查和修改案例。

教学参考案例（一）

程序教学[①]是以操作性条件反射[②]为基本原则的学习指导方法。请具体说明如何使用操作性条件反射。

教师：赤池步美（教育学硕士）

监修：中岛恒雄（教育学博士）

操作性条件反射作为程序教学的基本原则，就像驯狗，狗一伸手就立即给它喂食一样，在动物进行某种学习行为后马上给予奖励，促使该学习行为再次发生。给予的奖励必须满足学习行为者的需求，例如对于幼儿来说，父母和教师的口头表扬、玩具等奖励都很有效。当幼儿完成学习任务后，如果给予幼儿他们喜欢的表扬和奖励，就会更容易激发他们的学习兴致。

以操作性条件反射为基本原理的学习指导方法中有一种名为程序教学的方法。例如为了让学习者掌握两位数的乘法运算，首先确定目标，为了达成该目标，主要通过电脑画面，直观地显示问题：

$$12\times 10=?$$

在学习者每次回答完一个问题后，电脑都会立刻告知对错，在

① 程序教学：基于斯金纳的条件反射理论，将要学习的材料重组成小块信息呈现给学生的教学方法。

② 操作性条件反射：通过刺激来强化学习。

这种情况下，操作性条件反射中的学习奖励就转化为学习者回答后的对错显示。如上所述，程序教学是一种以操作性条件反射为基本条件的学习指导法，指导每个学习者按照各自的能力，以适合自己的速度确确实实地达成学习目标。此指导法由以下 5 个原则构成。

第一，小步骤原则

在程序教学中，学习过程得到细分。例如，在掌握两位数乘法的情况下，不要一下子出“34×69＝?”这么难的问题，而要首先从“12×10＝?”这种简单问题入手，慢慢增加难度。学习者即使不能一次性理解很多东西，但是只要问题数量少或难度小就能够理解，而且即使错了也能够把错误限制在最小范围内。

小步骤原则是基于“正确反应更易于学习”这一操作性条件反射的原理。即最初将学习内容设定在非常简单的水平上，这容易引起学习者做出正确反应，接下来的问题设定得比之前的问题稍微难一点，这样循序渐进地提高水平，并让学习者拥有自信。这种问题设定方法容易引导学习者做出正确反应，能取得更明显的学习效果。

第二，立即反馈原则

对于“12×10＝?”这样的问题，当学习者输入 120 后，马上在画面上显示正确。这种即刻告知学习者答案是否正确的反馈方式，能够促进学习效率。这个反馈原则和操作性条件反射中所说的行动后给予奖励的想法一致。

第三，积极反应原则

程序教学主要通过电脑进行，学习者对于电脑画面上呈现的问题如果不积极地做出反应，就得不到解答，也不能进入下一学习阶段。

这是因为程序教学的原理基于自主学习行为，为了让学习者积极地做出反应，重在把握问题难度，让问题与各个学习者的学习能力相匹配。

第四，自我步调原则

学习者的学习能力各不相同，因此在学习过程中会显现出不同的学习速度。即使在掌握两位数乘法运算的情况下，对于不能正确计算“12×10=?”的学习者，电脑会再次呈现同等难度的问题，有时也会呈现稍微容易一点的一位数乘法运算。对于已经理解的学生，电脑会提出“12×14=?”那样更为复杂的问题。要想让学生切实理解教科书，就必须给出符合学生的能力和水平的题目。

第五，学习者验证原则

程序学习者的反应能够验证问题是否适当。要是存在所有的学习者几乎都做错的问题，就说明问题本身可能存在缺陷。

综上所述，程序教学是一种学习指导法，与行动之后立即给予反馈的学习指导法一样，在学习者解答问题后通过即刻呈现正误的方法，让学生保持高效学习。

教学参考案例（二）

请在你家人或身边的亲戚，或者认识的人中列举出需要照顾的老人（可以住在家中或者住在介护机构里），就这位老人的事例来论述照顾老人过程中出现的问题和改善的措施。

教师：加藤绢代（文学硕士）
监修：中岛恒雄（教育学博士）

1. 案例

我认识一位A女士，她在家中照顾88岁的婆婆。这位婆婆因为脑梗后遗症导致左半身麻痹，若没有人帮忙就无法独立行走。但是A女士家的空间不够宽敞，而且屋里还有不少台阶，又高低不平，因此家里不方便使用轮椅。最初婆婆在每次吃饭和洗澡的时候，需要A女士费力地帮助婆婆挪动，到后来A女士的婆婆又患上中等程度的脑血管性痴呆症，既认不出人又记不住地方，甚至连自己是谁都弄不清，她刚吃过饭就会马上忘记已经吃过饭这件事，一次次地跟A女士讲要吃饭，也会反反复复地和A女士说同样的话。

A女士自己也已有68岁，无论从年龄上还是从体力上照顾婆婆都很困难。此外A女士丈夫的兄弟已经去世，其他子女也住得较远，因此让亲戚分担照顾88岁婆婆很难。尽管如此，A女士的丈夫却一点忙也不帮，也不照顾亲生母亲，而他还很在意周围人的眼光，强烈反对利用上门介护这一服务项目。这是由于A女士的丈夫持有一种陈腐的想法，认为照顾公婆就应该是媳妇干的活，因此照顾婆婆的工作必须由A女士一人来承担。A女士因为长年照顾老人心身疲惫不堪，甚至还患上了胃溃疡，去年秋天住院治疗了约3个月，在住院这段时间里，A女士的婆婆被送进老人短期入住介护机构接受照顾。

现在A女士的身体状况总算好转了一些，因此又得一个人照顾婆婆。但是由于屋里有很多台阶，A女士体力不支，不能扶着婆婆上下来回移动，所以实际情况就是婆婆几乎都是躺在床上度日。以前的A女士过着充实的生活，经常参加茶道、插花等活动，现在为了照顾生病的婆婆整天在家忙于看护，自己的兴趣爱好也只好完全放弃了，她只是希望婆婆能平安、有尊严地度过所剩无几的岁月。

2. 问题

从这个案例可以发现三个问题：①住宅结构不完善。②照顾老人的人手不足。③精神压力。首先，关于住宅结构不完善问题，房间里缺少足够的扶手，面积狭窄，台阶又多，没有斜坡，因此在室内不能使用轮椅推行，这就进一步加重了A女士的负担。日本的住宅最近才开始重视无障碍设计，远远跟不上居家看护老人家庭的需要。

其次，关于照顾老人的人手不足问题。照顾老人的A女士本身已六十有八，自己的身体也出了些问题，因此把婆婆搬入澡缸洗澡、扶着婆婆来回移动之类的重体力活很难做得到。在日本像A女士这样的情况并不少见，由于高龄者寿命延长，照顾老人的家人反而自己先病倒的情况屡见不鲜。此外，A女士又得不到丈夫的理解，也完全得不到丈夫的帮忙，因此照顾老人的重担就都落在了A女士一人身上。就是因为这些原因，现在她的婆婆几乎处于卧床不起的状态。

最后，关于精神压力问题。A女士即使这样拼命照顾婆婆，但是婆婆因为患有老年痴呆症，也不会去感谢她，而丈夫也不理解她，根本也不会去安慰她。此外，照看老人占用了A女士大部分的时间，曾经喜欢的茶道和插花活动她也不能参加，生活节奏比较混乱，故积劳成疾，压力得不到发泄，这也是一个很严重的问题。

3. 改善措施

首先，针对住房结构不完善这一问题，最好是能改造一下。但是他们夫妇俩没有足够的经济能力改造整个住宅，而且A女士的收入略微超出了行政部门规定的能提供援助的标准，因此也得不到政府提供的住房改造补贴。因此，我认为最好采取无须过高经济负担的小规模装修。比如设置斜坡来避免台阶的高低不平；在房间里使用小型轮椅；在浴室里装上扶手，这样一来，A女士的体力负担多少能得到缓解。

其次，针对照顾老人人手不足、精神压力上的问题，建议A女士丈夫改变对于照看老人的陈腐认识，让她丈夫一起照顾老人来缓解这些问题。A女士的丈夫一直认为“照顾公婆是媳妇该干的活”，“被别人知道有亲人患有痴呆症，或者把亲人放进养老院等机构是羞耻的”，他需要改变这种陈腐的想法，和A女士一起照顾他母亲。像服侍婆婆洗澡这样的重体力活如果由A女士夫妇两人一起去做的话，她婆婆也就不至于长期躺在床上，A女士也可以保持轻松愉快的心情去照顾老人。

那么，A女士要想得到丈夫对居家护理的理解，她该怎么做才好呢？为了得到丈夫的理解，她必须让丈夫更多地了解行政部门和民间企业提供的福祉服务，例如让她丈夫认真阅读市町村[①]级各行政机关发放的宣传手册，让他积极参加行政机关举办的居家护理培训班等，这样一来，她丈夫就会更好地理解上门介护支援服务，也可以认识到享受福祉服务并不是一件丢人

① 市町村：日本最底层的地方行政单位。

的事情，他对保健、福祉服务和养老院的看法也会有所改变。

如果利用上门介护支援中心的日间照料服务和机构内短期住宿等服务项目，让婆婆在那儿可以和很多其他老人相处，会对老人产生适当的刺激，有些患有痴呆症的老人还因此变得会正常说话。据说A女士的婆婆在老人保健机构期间比关在家里的状态好了很多。适当使用保健机构提供的服务对老人来说是有很多好处的。

假设老人平时基本由家人照顾，但也根据情况适当使用养老院提供的短期入住、日间照料、上门看护等介护支援服务的话，A女士的看护工作就会变得稍微轻松些。像A女士这样的情况，为照顾老人闭门不出，和朋友聊天的时间也没有，肯定会心力交瘁产生压力，精神就会变得不稳定。说到底，如果照顾老人的人自己感受不到幸福和满足，那么他就不会对被照顾的人保持友善和耐心。而且如果她丈夫也来帮忙的话，A女士无论在体力上还是在精神上都会得到许多安慰。此外她也应该请上门介护员过来帮忙，尽可能继续做一些自己喜欢的事情，哪怕是一周利用一次日间照料服务，让自己暂时离开婆婆，给自己腾出一点时间，A女士的心情也许就会轻松很多，能这样顺利地纾解压力的话，无论A女士还是她婆婆都能过上愉快的生活。

教学参考案例（三）

请具体说明国外私立教育机构开展的教育。

教师：近藤千卓（教育学硕士）

监修：中岛恒雄（教育学博士）

国外私立教育机构是指获得日本文部科学省批准的，由日本国内学校法人在国外设立的全日制教育机构。教育对象主要是日本人的孩子，有的学校也会招收当地的孩子。国外私立教育机构一般都设置从小学到高中的课程，与日本国内的学校合作展开教育，还设有学生宿舍。

1975 年国外私立教育机构机构只有 1 所，1991 年增加到了 11 所。有立教英国学院、阿瓜斯卡连特斯学院、英国四天王寺学园、阿尔萨斯成城学园、英国晓星国际学园、东海大学附属丹麦分校、不来梅国际日本学园、骏台爱尔兰国际学校、帝京伦敦学园、田纳西明治学院、庆应义塾纽约学院等。

这些国外教育机构的数量和校名是刚开始撰稿时的信息，目前由于各种原因，包括企业从当地撤出而导致儿童和学生人数的减少，其中一些学校已经关闭或停招，不来梅国际日本学园也于 1999 年关闭。

我们说明一下不来梅国际日本学园的教育方法。

不来梅国际日本学园是在德国首次开设的以日本人子女为教育对象的全寄宿制初、高中学校，且男女同校。应不来梅州政府的要求，1987 年 4 月以副理事长拜珀特博士为主要负责人注册并成立了学校，1988 年 4 月正式开学。

不来梅国际日本学园实施全日寄宿制，通过初、高中教育，培养国际社会通用人才。这所日本人学校实施全寄宿制的目的在于通过共同生活，培养学生协调性、自立心、同情心、忍耐力、责任感、守纪心等优良品质。通过宿舍的集体生活、学生之间的交流，学生学会生活礼仪，加深和教职工之间的情感。此外，为了让年轻人能够适应国际化发展的步伐，重视学生扩展视野、加深跨文化理解的教育，养成与不同文化层面的人共同生存的宽容态度。在日本的初中生和高中生很少能有出国留学的机会，如果在富有可塑性的青春时代就能体验到国外的生活，就有可能会成为宝贵的人力资源，在 21 世纪的日本发挥积极作用。

不来梅国际日本学园的教学特色是，通过德国的文化社会生活，真实地体验德国文化，培养成为国际人才需要的人格和品质，同时树立作为日本人的自我认同感。该学园提倡心灵教育，营造一个能够培养学生丰富个性，朝着目标发展个人潜力的教育环境，并为此施行小班教学。

比如在语言教育中，在教德语和英语时，重视让学生与两种语言的母语者一起进行听说练习。即使在德国住上三年，也不是每个人都能马上用德语来对话。因此，当学生进入中学后就会指导他们学会日常德语会话。该学园还积极与德国当地学校和当地社区、团体展开交流，并通过课外社团、旅行等校外活动积极与德国本地人展开交流。

学校还组织学生在德国家庭体验寄宿生活，这是一项能够让学生亲身了解德国社会和家庭的活动。通过在寄宿家庭的生活，学生和家庭成员能互相理解彼此的风俗习惯、不同的想法。让学生亲身接触德国人的思维方式和生活方式，是把日本学生培养成国际人才过程中不可替代的宝贵经验。

为了能让学生离开父母、独立生活，不来梅国际日本学园充分考虑到学生的饮食习惯，展开周密的健康管理工作。在医疗体制上，该学园根据德国的医疗体制，与学院签约的私人医生每周都要定期来学校给学生看病，根据需要也可以去专科医院看病，治疗费由学生加入的民间健康保险公司全额承担。

在饮食方面，每天必有一餐是日本菜。厨师长虽是德国人，但他也研究过日本料理，为保证学生的饮食健康，做菜时会严格计算卡路里，有时还会在饭桌上摆出学生喜欢的拉面、鸡蛋羹等菜肴。早餐通常是面包，有时也会提供纳豆、酱汤等日本菜。饮食管理对于保持学生的健康十分重要。

高中毕业生很多都有可能回日本上大学。不来梅国际日本学园是日本文部省教育部“设有高中课程的国外教育机构”的指定学校，因此高中毕业生享有和日本高中毕业生同等的大学考试资格，考大学有这几种形式：①一般考试。②一般推荐考试（得到高中校长推荐，参加大学入学考试。推荐成绩、品格优异的学生）。③指定学校推荐考试（由大学指定高中，被指定的高中毕业生中只要有校长推荐，几乎可以免试入学）。④利用国外回国学生名额的考试（考生的家长长期在国外工作，而考生也随之在国外上学）。因为很多学生都想考日本的大学，所以该学园也致力于指导大学入学考试的科目。

如上所述，不来梅国际日本学园在学生体验德国文化的同时，也珍视日本独有的文化，坚守作为日本人的品质，培养国际性人才，并且重视心灵教育，培养学生丰富的个性。

在课堂上，教师首先让学生默读参考案例，然后指名让不同学生站起来朗读各个段落，指出他们认为重要的部分。当然，同时也要听取其他学生的想法，当有学生说出不同观点的时候，就让他们交流意见，必要的话也可以组织班级一起讨论，在找到全班公认的重要内容后让学生画线。

使用这个方法学习所有段落的时候，要注意让学生说出重点内容，如果学生的发言合乎情理，就让全班同学一起鼓掌，表示认可、欣赏这位学生的回答。这样一来，班里的所有学生都有机会去思考、确认答案，最关键的是让那位说出正确答案的学生树立信心。正因为有了这样的认可，学生才会进步。

“协调学生、提升效果”的中岛式课堂教学法

如何让学生自主参与课堂教学？

为了做到这一点，应该在课堂上运用“指挥班级”的方法来协调学生，提高教学效果。这一授课方法是让全班学生参与课堂，协调学生之间的想法和意见，最大限度地提高教学效果。

具体而言，在课堂上既要让学生感觉适度的紧张，以正确的学习姿态长时间集中精力参与课堂，对授课内容兴致勃勃，又要激发学生学习的内在动力，并鼓励师生、生生之间的互动，从而激励彼此进一步学习。教师需要引导班级，创造一个健康的课堂环境和学习气氛，提高课堂教学效果。

如果重视实施这样的教学方法，那么阻碍学生学习、让教师头疼的课堂悄悄话这种现象就会消失。在前不久，哈佛大学教育学研究生院客座副教授苏珊·霍洛威博士访日，观摩了东京大学的课堂，当看到日本顶尖大学的课堂上也不停出现“讲悄悄话”和“打瞌睡”的情况，不由大吃一惊。

“讲悄悄话”，可能是学生对课堂内容不感兴趣的原因，或者是教师没有下足功夫把课准备得富有激发性的原因。为了提供能够刺激学生、充满魅力的课程，我校经常监督、提醒教师需要注意以下各方面的细节。

关于教师的课堂进度。

①上课进度合理，根据学生的理解程度及时调整。

②讲课、讨论、发言时，切实地强调这一科目和其问题解答要点（也让学生自行寻找、理解要点）。

③尽量避免使用专业术语，用通俗易懂的语言说明。还要注意声音足够洪亮。

④明确指出有助于学生预习和复习的学习方法。

⑤正确记录每节课的出席和缺席情况。

⑥严守上下课时间。

⑦向昏昏欲睡或者想要说悄悄话的学生提问，指定课本内容，让学生站起来朗读。课上严禁饮食。

关于教师的授课内容。

①做好充分的准备，对备课尽心尽力。

②适当回应学生的感受和要求，实时把控学生对教学内容的理解程度。

③为了学生能牢固掌握本科目学术领域的知识，使用的例子意思应明确，能说明问题。

④创造一种允许自由交流的课堂气氛，学生可以提问，可以表达与教师相反的意见，也可以向教师提出自己的见解。教师要经常在大家面前表扬努力学习的学生。

⑤在以学生为主的课堂上，为了学生能积极参与课堂，教师要选择通俗易懂的课本，采用希腊哲学家苏格拉底的对话方式，学生起身朗读课本，师生相互讨论，教师亲切温和地回应学生的问题。

⑥利用课外时间（比如课外办公时间），给学生做辅导、提建议，这对学生非常有用。

⑦在布置课程报告和作业时要提供详细而充分的说明。

⑧快速批改学生的试卷、课程报告、作业，并附上评论，提出有建设性的意见后及时返还给学生。

关于教材。

①选择教科书和参考书时，不要选择罗列专业术语、晦涩难懂的教科书，而要选择通俗易懂的、适合学生水平的教科书。

②参考书也要指定容易阅读、合适的书目，而且数量要充足。

③给学生发资料、课上使用视听教材（投影仪、录像等）能提高教学效果。

此外，在评价教师的教学活动时，还要看教学内容是否适合大学本科教育，这样有助于完善和充实课程教学。

对于素质教育而言，要从素质教育的理念和目标出发，即培养具有宽广知识层面，能从不同角度看待事物的能力，能自主独立、综合系统地思考问题，并能透彻把握、准确判断内外形势的能力，具有丰富的人格，能够将掌握的知识和自己的人生与社会需求相连，在社会中准确定位的人才，评价素质教育时，要看科目建设和教学活动是否充分考虑到了素质教育的理念和目标。对于专业教育而言也要综合评价是否实施了充分的素质教育，因为要培养具有专业技能、开拓新领域，能在社会中真正有发展潜力的人才，不仅需要细化专业知识，还要充分考虑实施能让学生拥有广泛视野的素质教育。

上课时要注意以下事项。

让学生从前排座位坐起，男女生适当混坐，好朋友分开坐。

教师一定要准备教科书、教学参考案例等资料，让学生站起来朗读，找出重点内容。当学生读错字、说错意思时，教师应当场让其他学生纠正，如果改得对，教师当场给予表扬，如果改得不对，那么就由教师来纠正。如若需要板书，就让学生上来写。不要急着赶进度，而要在加深每个学生理解程度的基础上展开课程。

①当学生起身回答时，要带头鼓掌，当着大家的面加以表扬，肯定学生的努力，绝对不要在大家面前斥责学生。

②让学生说出不同的意见，全班一起讨论。

③在全班都认为重要的地方画线。

④讨论画线部分的内容，让学生综合理解这些重点内容，整理成条理清楚的答案，归纳到各自的短篇论述题里。

⑤为了让学生产生竞争意识，让先完成短篇论述题的学生安静地离开教室。

⑥没能在规定时间内完成的学生，让他当天完成并提交（让每个人都意识到须完成论文，不能让学生自以为论文写得

慢就可以不交，必须规定学生当天提交）。

⑦教师收到学生的总结时，要跟学生握手，给予鼓励，认可他的努力。

■专栏3

教师不能什么都教

上课的时候，教师站在讲台前不抬头看学生，一味地低头边看笔记边小声读讲义，这种教学方法早就过时了。教师要让学生参与课堂，可以通过大声提问的方式引导学生主动参与课堂教学。另外，要提高教学效果，不一定非小班制不可，关键在于用什么方法去教，日本现在没有合适的教学方法，但是在美国的好大学里却能找到这种好的教学方法。

美国大学的授课形式以学生为主体。首先给学生一个课题，将人数多的班级分成人数少的小组，以分发的资料为主让学生进行讨论。如果把全班分成八组，一共八份资料的话，每组就能分到一份，这样学生的人均负担就会减轻。小组讨论、分析得到的资料后，在下节课上汇报自己的分析内容。汇报的学生把要用的资料复印发给其他学生，课上重复同样的过程。教师这时要确认学生是否已经准确地理解了内容，如果有欠缺就要给学生指出正确的方向，等学生完成汇报后再让该组学生把汇报内容仔细整理成文。学生必须努力写出容易读懂的文章，如果文章合乎情理，语句通顺，那么即使和其他答案不一样也算合格，应该允许学生的论述和原始资料（在我校来说是教学参考案例）有不同的观点，既不是让某一个学生分析所有资料，也不是由教师讲授全部知识，而是让全班学生分担讲解，彼此分享知识，讨论要点，引导学生在自己的话语中找出合理的答案，这才是学习。要做到这一点，首先重在让学生仔细理解文章，理顺段落之间的起承转折关系，从而能够正确地回答问题。

所谓教育，就是不管学生的水平是高是低，对每一个学生都要想尽办法加以引导，挖掘他的能力，对于给出的题目要引导学生尽量不使用专业用语也能意思清楚地写出答案，同时学生也必须自己努力完成任务。所谓做学问，不是一个人的事情，而是和同桌、同伴商量后共同努力去完成，而且还需要去深入地理解。此外学问不能只是嘴上说说而已，必须得转化成为文字。必须掌握阅读能力来查阅教科书和参考书，获得必要的信息；掌握写作能力，根据所得信息总结自己的想法；还要具备演讲口才和稿件组织能力，完成课堂展示。如果使用教学参考案例，使用福特汉姆大学、哈佛大学的教学方法，就有可能掌握以上这些能力。

我校教师的使命就是发挥学生的潜能，让那些从未在学习中感受进步和快乐的学生体会到学习的喜悦，给予他们学习的机会，引导他们去改变自我、成就自我，这是我校的目标。

我去哈佛大学深造，研究探讨了“如何让那些不喜欢学习的高中毕业生，通过学习大学的函授教育课程来提高阅读能力、写作能力、思考能力、发现并解决问题能力”这一主题。我为达成这个目标，先放下如何改变整个日本社会教育现状的宏伟蓝图，从身边事情做起，苦心考虑如何改善自己学校的教育现状，然后再去思考我校的改革会对外界带来怎样的影响。

〈资料4〉

东京福祉大学设置教育学院教育系

2007年4月东京福祉大学新设了教育学院教育系，培养小学教员，小学、中学、高中保健室的养护教员，中学、高中英语教员、保健教员，高中信息技术教员等。进入大学以后分为以下六大方向，无论属于哪个方向，都可以有机会获得其他方向的教师资格证，可以选修其他方向的科目。

依据未来的目标进入大学后可以自由选择以下六大方向。

小学教员方向；小学、中学、高中养护教员方向；中学、高中英语教员方向；中学、高中保健教员方向；高中教师信息技术方向；教育心理（认定心理士）方向。

毕业时可以获得以下教师资格证。

小学教员1种资格证；养护教员1种资格证；中学、高中教员1种资格证（英语）；中学、高中教员1种资格证（保健）；高中教员1种资格证（信息技术）。

学生学习的虽然是我校社会福祉学院的科目，但只要本人愿意，就可认定教育学院教育系毕业所需的124学分，可以获得以下教师资格证。

幼稚园教员1种资格证；养护学校教员1种资格证；高中教员1种资格证（公民、福祉）。

东京福祉大学以切实有效的教学方法助力所有报考教员录用考试的学生顺利通过考试。

第四章
我的信念——世上没有学不好的学生

我本是不擅长学习的学生

“世上没有学不好的学生”，这是我从自身的体验中得出的一个信念。实际上，我在进大学之前也是个学习不太好的学生。

与指导教授巴拉塔博士的合影
（摄于福特汉姆大学研究生院的毕业典礼）

我本是个普通人，没有特殊的天分和才华，但是在现在日本高校研究者的眼中，我应该算是一个优秀的教育学学者。在我 37 岁去美国留学之前，从学习院大学法学系毕业时，我还谈不上是什么教育学的学者，只是一个普通人而已。

我本来并不认为自己的学习有多好，原来想考一桥大学经济学院，那里的人兼有武士精神和商人才能，以“士魂商才”① 为招牌，但却没能考上。在初中认真学习过的科目就只有英语会话了，每天早上 6 点 25 分起床听松本亨②老师的 NHK 广播讲座，虽然真的不想听，但是因为我父亲强行要求，所以不得不听。父亲还让我从初一开始每天晚上都要背英语课本，直到整本书都背熟，如果不背就不让睡觉。我只好把教科书背得滚瓜烂熟，能够轻松地把里面的日语译成英语，再把英语译成日语。当时我觉得父亲实在太讨厌，但是，多亏了父亲，我从初一开始就把学习英语会话当成了习惯，每天睡觉前都会调好自动播放时间，第二天一大早就可以听到 NHK 的英语对话。

升高中后，父亲又要求我练习柔道，父亲虽然练过剑道，但为了我在自卫时不用棍棒赤手空拳也能行，父亲认为我应该去学柔道，于是我迷上了柔道，整天泡在柔道社团里。多亏了父亲的指导，我在初中、高中的时候英语这一科目是好好学习了的，成绩优异，虽然其他科目都没认真对待过，成绩也都不理想，考不进期望的大学。

也许是我想反抗一下父亲吧，我在大学的学习态度和其他典型的日本大学生一样慵懒散漫，大学里认真做过的事情，只有柔道社团和英语会话的课外兴趣活动，我也不想在毕业后找工作，不想在别人公司为别人打工，当时的我就是这么个个性

① 士魂商才：既有武士的高昂斗志，又有商人的经世才干的人才。
② 松本亨（1913—1979），日本英语教育家。

强烈的青年学生。

在哈佛大学做访问学者的真实情况

我 37 岁时曾在美国的福特汉姆大学留学，因为我当时正在经营一所专门学校，所以想获得作为学校经营者的最高学位——教育行政管理学的博士学位。该学位在日本文部科学省教育行政管理中起着重要作用，但是日本的大学里应该没有这样的院系。我为了达到获取学位的目标，进入了纽约的福特汉姆大学深造，取得博士学位后返回日本。获得博士学位之后，我在实践中不断钻研教育行政管理学，之后又去了被称为世界第一的，位于波士顿郊外的哈佛大学教育学研究生院当访问学者，继续深造。

受哈佛大学教育学研究生院的邀请，我从 1995 年 8 月 1 日到第二年的 6 月 30 日做了访问学者。很多人批评我去哈佛大学做学者这段经历，不管他们怎样批评，只要是正当的言辞我也会虚心接受，但是从我听到的大部分批评来看，他们都误解了什么是哈佛大学访问学者。

那些人会这样补充道："他总是说自己被世界顶尖大学哈佛大学邀请做访问学者，其实那不过是一个只需要攻读单项科目的留学而已。"

哈佛大学访问学者身份证

讲这些话的人其实完

全污蔑了我的经历。

批判我的人有很多曾去美国留过学，也有很多是日本大学的教师，对美国的教育体系理应很熟悉，但是他们中的大多数人在美国留学时没能拿到博士学位就回到了日本，即使没有最高学位，他们中的很多人也都已经成了日本大学的教授。每当听到他们对我的学历进行诽谤时，我都能感受到他们的内心隐藏着的羡慕和自卑。

我去哈佛大学做访问学者一事曾登上了《朝日周刊》和《中日新闻》，因为作为访问学者去哈佛大学的人既不是某大学的校长，也不是专科院校的校长，而只是一个区区专门学校的校长，这在当时甚是少见。

此话且放一边，我应该先为大家介绍一下什么是哈佛大学访问学者，那么诸位读者自会明白那些针对我的批评是否正当合理。请大家看后一页哈佛大学的通知书（中文译文在后）。

从哈佛大学的来信中可以看到，学校允许我使用包括图书馆在内的所有设施，这个待遇和哈佛大学的职员及教员是一视同仁的。虽然我所在的教育学研究生院不给报酬，相比而言，理工科和医科学院的经济条件可能比较丰厚，很遗憾，邀请方教育学研究生院经费有限，因此信上标注“没有报酬”。作为访问学者受到邀请的人很多都是世界一流大学的教授，或者是在官厅研究所做研究员的文部高级官员，对于他们来说没有报酬也没太大问题，因为国家或所属大学可以援助交通费、生活费，而像我这样自费也愿意接受邀请的情况实属少见。

美国的教育学研究生院的学位不同于日本，有硕士、专业

HARVARD UNIVERSITY

GRADUATE SCHOOL OF EDUCATION

OFFICE OF THE DEAN
(617) 495-3401
(617) 495-8510 (Fax)

LONGFELLOW HALL, APPIAN WAY
CAMBRIDGE, MASSACHUSETTS 02138-3752

April 12, 1995

Dr. Tsuneo Nakajima
1-15-7 Senkawa
Toshima-ku
Tokyo 171
JAPAN

Dear Dr. Nakajima:

I am pleased to inform you that we have approved an appointment for you as a Visiting Scholar in Education from August 1, 1995 to June 30, 1996.

As you know, these are courtesy, unsalaried appointments. While we make no provision for office space or staff support, holders of these appointments have official affiliation with the University through appropriately marked identification cards (see below), providing access to all Harvard Libraries, the Faculty Club and Housing Office, various athletic facilities and other University services.

Your faculty contact at the School will be Bruce Fuller, who hopes that you will participate informally in various academic programs and activities at the School.

When you arrive, please call Rosalind Michahelles, Coordinator of International Education, at 495-5903 if you need help settling in. Her office serves international students and scholars. For help in obtaining your Harvard identification card, please come to room 122 Longfellow Hall and speak with either Carol Luongo or her assistant Sarah Liberman.

Your presence at the Graduate School of Education will be a significant addition to the resources available to our students and faculty. I am delighted that you can spend this time with us.

With best wishes,

Sincerely yours,

Joel C. Monell

Joel C. Monell
Dean for Administration and Academic Services

JCM/sml

cc: Bruce Fuller
Rosalind Michahelles
Carol Luongo

学位和博士3种。但是在美国取得博士学位并不意味着学业就到终点了，博士学位之上还有博士后（Postdoctoral Study），即博士后研究员，这之上才是访问学者。

博士后研究员是在取得博士学位后5年内更深入地研究专业，从而成为高水平专家。博士后研究员和访问学者一样，可

哈佛大学
教育学研究生院

研究生院院长办公室
(617) 495-3401
(617) 495-8510 (FAX)

朗费罗厅 阿皮安韦
马萨诸塞州 02138-3752 剑桥

1995 年 4 月 12 日

中岛恒雄　博士

日本〒171 东京都丰岛区千川 1-15-7

亲爱的中岛博士

我们已经批准您为教育学专业的访问学者，任期为 1995 年 8 月 1 日到 1996 年 6 月 30 日，特此通知。

正如您所知，本次任命虽然充满诚意但是没有报酬，因此我们不能提供办公室，提供事务员等人力资源，但是，正如哈佛大学的身份证明卡记录的那样，这份任命使您和哈佛大学之间有了官方的联系，哈佛大学的图书馆、教员俱乐部（the Faculty Club）、教授住宅以及健身房等所有的设施和服务，您都可以尽情地使用。

负责与您联系的哈佛大学教育学研究生院的教授是布鲁斯·芙拉教授，他正期待您能在哈佛大学参加各种学术研究会，展开活跃的学术活动。

您到达哈佛大学时如果需要什么帮助，请拨打国际教育负责人Rosalind Michahelles 的电话（电话号码：495-5903）。这个事务所负责帮助外国留学生和外国学者适应当地生活。关于哈佛大学的身份证明卡，请与朗费罗厅（Longfellow Hall）122 号房间的 Carol Luongo 或者助理 Sarah Liberman 联系。

您加入哈佛大学教育学研究生院对这里的学生和教授队伍来说是一笔重要且宝贵的财富，我非常高兴您可以和我们共度时光。

致以最诚挚的祝福　　　　敬启

焦耶·摩尼尔（Joel C. Monell）　博士
行政与学术服务中心主任

以无条件地使用大学的研究设施，但是听说在哈佛大学读博士后研究员必须支付一半的学费。

总之，利用哈佛大学的设施都是需要一定的花销，免费使用的特权不是所有人都能享受到。因为访问学者对大学来说需要花费钱财，所以通常是不录取的。在我取得博士学位的福特汉姆大学教育学研究生院，据说 20 年才招一次访问学者。哈佛、耶鲁和斯坦福等超一流名牌大学，虽然每年会从世界各国招收知名一流学者，但是招收名额极为有限，而且选拔的标准及条件十分苛刻。

因为哈佛大学排名位居世界大学之首，所以能吸引世界各国上万名申请者参加访问学者的遴选，而教育学研究生院每年仅有20人左右能通过这样严格的选拔，这些学者都是代表世界最高水准的优秀学者。

申请访问学者首先必须具有博士学位，学者的英语scholar一词指的是有学问的人，如果不是在知名研究生院获得的博士学位在美国也是无法被称为scholar（学者）的。

作为访问学者的第二个条件，必须会说流利的英语并能够充分地理解英语的意思，只有申请者会英语，对方才可能审查研究业绩、学术背景、研究计划书等资料。

我在福特汉姆大学研究生院研究教育行政与管理学专业取得了博士学位。而且，我也有经营学校的实践经验，我的博士学位论文收藏在全美、日本几乎所有的大型图书馆里。

美国的审查目的十分明确，这一点与日本不同，美国的审查一方面比日本更倾向于实用性和现场操作性，另一方面又很重视学术研究，即从实用和学术两方面进行严格的选拔。

哈佛大学就是以这样的方式从世界各国选拔学者，而教育学研究生院也像前面所提及的那样，每年大概会选出20名顶级学者，2到3年间才会有1名日本学者被选上。根据以上说明，不难看出要去哈佛大学做访问学者实属不易。

访问学者在科研上的要求也和博士课程完全不同。博士课程是在教授指导下进行，研究范围具有专业性，也就是说研究内容是有一定限制的，而访问学者就不会有这样的限制。访问学者可以自由地选择自己最为熟悉的领域作为自己的题目来研究，还可以使用哈佛大学所有的设施来专心做研究。有些访问学者会和大学教授组成一个项目小组参与课堂教学，但是几乎所有的访问学者都只是从事研究。

因为我的研究对象是教育行政和教育管理，所以我以波士顿为中心，走访了周围的大学和研究生院，仔细参观了教育一线的各个环节。只要我一出示哈佛大学访问学者的身份证明，所有学校无一例外地表示了诚挚的欢迎，向我公开展示了我需要的所有资料。除了向我说明学校管理、研究生院管理、班级管理的实际情况外，还热情地向我展示所有的研究资料。另外，我还采访了在一线讲课的教师，感受到他们对教育的炙热的情感、高超的技巧。总之，我在美国详细研究了能够提高学生能力的最佳教学方法，并观察和体会到这种教学方法的实际效果。和世界上的所有国家一样，日本也会举办哈佛大学毕业生联谊会，我每年都受邀参加。2002 年 1 月哈佛大学校长萨默斯（原美国财政部部长）专程来日参加了这里的联谊会。

福特汉姆大学的留学生涯让我变得“擅长学习”

全美 3 千多所专科院校、大学和研究生院中，能够授予教育行政管理学博士学位的研究生院只有 36 所左右而已，当时留学之前，我向所有拥有教育行政管理学专业的学校递交了入学志愿申请材料，但结果只收到了 3 所大学的回复，有福特汉姆大学、宾夕法尼亚大学，还有旧金山郊外的太平洋大学。我选择了福特汉姆大学，因为这所大学和所谓常春藤联盟学校的哥伦比亚大学、纽约大学齐名，是纽约屈指可数的名牌私立大学。与日本的上智大学一样，对于天主教的信仰可以追溯到罗马时代，有着160年以上的光辉历史。福特汉姆大学教育学研究生院培养了很多美国大学校长。在世界大学排名中，该大学的法学院等研究生院的研究业绩高于东京大学法学研究生院。

我刚在那儿上课的时候，感觉语言交流十分吃力，根本听不懂课堂内容。那时候我每天都在担心自己什么时候会挂科，学得狼狈不堪、痛不欲生。由于自己的英语掌握得不够好等原因，当时在班里我算是一名差生吧。

我还在日本读高中时常在名古屋城[①]附近找外国游客练英语，一直以为自己的英语没有任何问题，心里还想虽说是美国的研究生院，不就是内容有些复杂的英语嘛，没有什么了不起。但是真正去美国上课的时候，才发现事情没有我想象得那么简单，当时我跟不上上课的节奏，比不上周围的美国同学。这其实是很正常的事情，可以请读者想象一下外国人和自己一起同在研究生院上课的场景，外国人不可能完整无漏地掌握教授的讲授。这件事只要冷静下来就能想通，但那个时候我却无法宽容自己，一味地责怪自己无能，陷入了消沉和沮丧的悲观情绪。

重要的是答案的逻辑推理，而并非答案本身

我的自信心越来越薄弱，但是课程仍在往下进行，不会因为我的状态不佳而停下脚步。教学大纲详细记载了教师怎样展开教育、教科书的进度怎样、学生应该阅读的参考资料、课程

① 名古屋城：位于名古屋市的城堡，德川家康建于1612年。著名旅游景点。

怎样进行考试，于是我就根据大纲加快速度往下学习。不仅要掌握知识，阅读英语教科书，还要写各个科目的总结论文，论文要写上好几页。1 个学期有 3 个月，平均下来 1 个月至少有 1 个科目，至少要求我们要写上 5 页的定题总结论文。

留学生 1 个学期必须选 4 门课，如果只上 3 门课的话就不能续签签证，而美国人只需要选 1 门课就可以了。虽然这样会延迟毕业时间，但是美国人可以根据自己的日程安排课目数量，而留学生就不可以，留学生要是不全力以赴地学习，就只好回国。

在我深陷泥沼之际，正是因为美国研究生院如此严格的教育方法，才最终得以把我拯救出来，并且蜕变成一位优秀的人才。美国人说，在大学或研究生院取得学位就和体育训练一样，都要付出汗水。当向教授提交课程论文时，会得到“You did a good job”，或者“Lots of work”这样的答复，表示你学得很好，学了很多。当教授表扬说“学得不错”“学习辛苦了”“全力以赴地学了”“该写的都写上了”等，就表示会给你分数。

在美国学习，最重要的是你真的竭尽全力了，真的认真研究了。教师让全班同学，无论最差的学生，还是最好的学生，都要根据自己的能力全力发挥自己能力范围内的最高水平。教师不断地让学生在课堂上一边朗读一边记录，向大家展示自己的意见，解决身边的问题，为了解决问题还要求学生去收集资料。学生不仅需要有自己的想法，还要通过讨论的方式去听取别人的想法，借鉴别人的智慧。教师还注意让学生明白不能只考虑自己的想法，并强调正确的意见和观点不可能只有唯一的一种。

这种做法和日本企业的会议差不多，日本企业的开会方法在国际上还算比较领先。美国企业曾经采取了上级命令下级式的管理方式，是落后国家的决策方式。相反，日本企业要求大家共同审阅文件、开展工作，即使出了错，员工也会借助终身雇佣制避免被炒鱿鱼，因此，大家不会在开会发言时顾忌太多。这种做法是一种明智之举。

但是日本做学问的方式却非常陈旧，只要教师说出正确答案，学生就会不假思索地赞同，是一种未经时代锤炼过的古老而封建的教学方法。而美国研究生院的做法和日本企业相类似，大家通过讨论听取与自己不同的意见，采纳其他专家的观点，收集、调查资料，拿出和其他学生不同的答案。课堂上解答问题时，不同的学生就会有不同的解决方法，对于现实生活中发生的问题，教师也同样鼓励大家各抒己见。正确答案不止一个，学生用论文的方式写出不同的解答，最后研究生院不断地积累了解决现实问题的不同方法的案例。

对于那些自己真的不想做的、没有兴趣的而且对自己没任何好处的事情，人们是不会去认真学习的。“这样做真的有用”，要是学生没有这样的意识，即使学了也记不住。对于学习者来说，美国的学问具有实践性，可以用来解决自己面对的实际问题。

美国的教育重视与现实生活的联系，从小学开始，教师就可以根据学生的水平和特长，给他们调整适合的课程。也就是说，为了给学生安排最适合的教学内容，教师有权利按照自己的标准来调整课程。

在美国，从小学阶段开始，学校会根据孩子的水平和教师的教学经验调整课程，在给予教师这样的自由的同时也让学生去评价教师，由学生检验教师的教学熟练程度。如果教师被判定为没有授课能力，便会被解雇。在美国的教育体系中教师既有自由又有责任。

评价教师的项目中有一项是考察教师对学习不好的孩子倾注了多少心血。此外，评价前五个阶段的选项，用来评价教授对这门课的了解程度，最后第六个评价让学生写下对这门课程的具体看法。这是来自作为顾客的学生的评价，如果无法从他们那里得到好评，教师就不能被认定为专业教育者。研究生院的评教机制与此大体相同。

当美国的学生听完教授的笑话后“噗”地笑出声来，而我却因为语言不通而发呆、沉默寡言，对于像我这样一个来自外国的留学生，也就是所谓的跟不上进度的差生，教授也会关心地询问：“怎么样，听明白了吗？”“你说说这里是怎么回事？”试图把我拉入课堂里。如果我说“我有点没听懂”，那么教师就会回应：“那下课来我办公室吧，我给你讲一下。”教师宁愿花费自己的课后时间，也要让学生确确实实地掌握课堂内容。

在日本，就算学生什么都不懂，大学教师也会给他分数，但在福特汉姆大学，没有一位教师会这么做，学生必须达到科目所规定的知识水平，为此，学生需要不断努力。如果论文写得不好，就让学生一遍又一遍地修改，直到把学生教会为止。

学生最后达到课程要求的水准，在论文中总结与教师不同的想法，才能得到分数。总之，让学生达到课程要求后才去评价学生，这正是福特汉姆大学的教育方法。在这儿教师和学生都不能混日子，也无法逃避困难。

在美国，学生会在下课后向教授提问题，直到弄懂为止，教授也会抽出时间回答学生的问题。硕士课程所有科目的平均成绩必须达到 B 以上才能毕业，这个要求很高。如果不发奋努力学习，提高自己的思考能力，就无法达到这么高的水准。要是不会英语，答案不理想，尽管教授已经批评你了，他还是会一而再再而三地让你去他的办公室，给予悉心指导，直到你能得出正确的答案，对你满意为止。教授提出的问题不求唯一的答案，关键看你解决这个问题的思路，而且解决方法不能和其他学生一样，因此，回答问题的过程必须按照逻辑思维展开，解决问题的逻辑思路非常重要。日本的教授会称只有自己的学术论点才正确，其他学者的观点都是错误的，但美国的教授不会这样妄自尊大，因为他们认为正确答案不止一种，可能会有很多解决方法。在实际社会中，只要结果是好的，不管哪种方式都正确，到底哪一个是正确的答案，最终历史会告诉我们。因此，要让学生明白，解决问题的逻辑思维最为重要。

因为学生不断接受这种思维训练，所以读写能力能得到很大提高，逐渐地牢固地掌握教授讲述的内容。

总之，这种教学法使学生的头脑变得愈加聪明，不再靠感觉随意答题。由于学生一直按照科学的方法练习读写，解决现实生活中与得失有关的问题，所以学生对学习产生了兴趣，尝到了学习的甜头。而且这种方法不要求学生死记硬背，对于我这种上了年纪，记忆力下降的人来说也十分适用。

读博之路突遇难关

我在此向大家稍微详细地描述一下我在福特汉姆大学研究生院的体验。我希望通过我在那里艰苦奋斗的事例，和大家共同感受一下福特汉姆大学的教育有多么彻底，明白只要努力就可以得到丰硕的果实，或者说只要努力就能让自己的能力得到提高。

在福特汉姆大学研究生院，教育学硕士需要学习 10 门课程，同是教育学专业，在哈佛大学和哥伦比亚大学学习 8 门课程，比福特汉姆大学少了 2 门课程。如果是双语教育，还需要额外增加 5 到 7 门课程。学生应该上什么课，和日本的大学一样，需要和指导教师商量后再做决定。

美国的大学 9 月开学，这 10 门课程的安排是秋季 4 门，夏季 2 门，春季 4 门，至少在 1 年时间内完成。课程看似简单，实则紧凑，就算是美国人，能够按这种节奏修完课程的人也并不多。

因为我想要早点进入博士课程的学习，所以就按上述课程安排去选课，努力学习，在即将修完硕士研究生的学分要求的时候，我向犹太人家庭出身的系主任琼·福斯特博士提出“想要继续深造取得 PhD”的想法。PhD 是哲学博士学位的略称，为取得这个学位，就必须在博士课程中学习第二门外语。因此我又请求说：“第二外语想选修日语。”系主任回复：“好的，没问题。”我就这样完成了硕士课程并迈入了博士课程。但是，在这之后不久却发生了一件意想不到的事情。那位琼·福斯特系主任跳槽到了纽约的其他大学（现在担任密歇根大学教育学研究生院院长），空缺的职位由一位爱尔兰家庭出身的教授担任，一位名为托马斯·莫尔金的博士，这位教授成了我的痛苦之源。

有一天，他把我叫去说了这样一番话：“上届系主任是个十分荒唐的人，既没有工作能力也没有学术业绩，教给你的全都是错误的东西。他说的所有的话我都不认同。如果你不按照我的教导追加学习博士课程的科目，就不会认可你的博士课程。而且，你选择日语作为第二外语我也不认可。因为第二外语应该选择德语、法语或西班牙语。”

我又震惊又诧异，心想即便系主任换人，也不至于把我积累到现在的研究都清零吧，而且被清零的还不止这些，这样岂不是太不讲理了？愤怒之情油然涌上心头。

“你到底要我怎么做？”我已经是吵架的语气了。“请按照我的指示追加科目，这样才可以真正承认你具有作为学者的实力。”莫尔金博士说完，就提示我在15门博士课程的基础上增加9门课。“等一下，再多修1门课程不就10门了吗？那不就等于重修一遍硕士课程吗？这也太过分了。还有，关于第二外语，登录条件上确实写着一般可以选德语、法语等语言，但是前面加着‘一般’这个修饰语，难道不是允许有例外才加‘一般’的吗？那么像我这种情况，前届系主任已经同意我选修日语为第二外语，这是应该得到认可的。”我把学校的规定用学到的英语语法组成句子加以论辩，瞪眼怒视，真想狠狠揍他一顿。但是，莫尔金博士坚定地驳斥了我的抗议。

我试着找学院院长诉说我的意见，但是莫尔金博士丝毫不肯让步，院长也说前届系主任只是口头答应把所有的选择权都交给我，没有留下合同书之类的文字证据，这样就不能承认我和前届系主任之间有过什么约定。莫尔金博士与我说话时十分激动，脸涨得像章鱼一样通红，头上还冒着热气。

我感到自己走投无路了。在我开始硕士课程的时候曾经帮过我的魏森索博士也冷冷地对我说道："这样下去是没有转机的，要不就转学到旁边的哥伦比亚大学读博士怎么样？否则就只有打道回府，回日本老家去吧。"

当然，我还去拜访了那位跳槽到纽约另一所大学的前届系主任琼·福斯特博士，向他倾诉了我的窘境，恳请他的帮助，但是他却说事到如今已经无能为力了。

一般情况下，美国的教授就算已经决定要跳槽走人，在临行前都会有意隐瞒，不会和学生或者同事挑明。因为如果说出来的话，学生和同事马上就会把他当作无用之人，弃而远之。要跳槽的教授为处理自己的事情，保障自己的未来，已经疲于奔命了，根本没有余地去考虑学生和其他人。虽然从日本人的思考方式来说这样做不近情理，但是对于美国人来说这很正常。

但是我还是不愿放弃，我去找课程教育系的系主任安东尼·巴拉塔，他一直很照顾我。

"明白了，我们尽力试试看吧！"

他专程陪我去见我所属的教育行政管理学系主任莫尔金博士。

在安东尼·巴拉塔博士的帮助下，莫尔金博士答应原本规定的科目从9门减到7门，但还是要学第二外语。

“如果你怎么都不想学规定的第二外语，那就学计算机语言吧。”

那怎么成，像我这个年纪怎么学得会COBOL和C语言之类的程序设计语言？而且，把德语、法语立即翻译成英语这种绝技我也不会，把德语、法语当作第二外语就是要做到这一点。但是我又想早点获得博士学位，因此我妥协了，在最初决定选修的15门博士课程的基础上增加了7门，从PhD（哲学博士学位）改成了不需要学习第二外语的EdD（教育学博士学位）。

就此我开始了教育学博士学位攻读历程。

艰苦奋斗迈上读博之路

在美国，能进入博士课程学习的人的数量的确有限。福特汉姆大学，每年大概招1200名硕士研究生，但是教育学博士的招生数，每年各系约10名，3个系加在一起也就是30人左右。硕士课程还算比较容易，但是博士课程极难拿到入学通知书，尤其是在同一所大学学完硕士研究生课程的人，很难升入同校的博士课程，因为研究生院更愿意把入学通知书发给来自其他国家其他大学的最优秀、最有个性的学生。

大学也认为，招生就一定要招特别优秀的人才，因此会严格控制学习博士课程的人数。限制人数的原因在于新生会面临和相扑运动一样严格的锻炼，要选取禁得住这样的锤炼，即便艰难也能够继续努力达到毕业要求的人，而且尽可能地招收在其他大学已取得硕士学位，拥有不同研究经历的人。在材料审查阶段就把这样的人才筛选出来，这不仅要看其专业和学业水平，还要看其是否有与众不同的想法，坚强的意志，是否可以把工作干到底，再加上工作单位的推荐书，所有这些材料都要放在一起综合判断，不像日本高校招生只看学生的偏差值。

博士课程的科目数量在 15 门以上，其中必须要上的一门课是住读研讨课（residence seminar）。那些持有本职工作的学生，本来上完一个学期后就可以出校工作，但是他们上住读研讨课时，必须花上一整年的时间在学校持续上课。一般情况下，大学和研究生院的课都是以一个学期为一个节点，学生可以一个学期读书、一个学期上班的形式攻读学位，比如这个学期工作赚钱，或者这个学期只上学不做其他事情，学生可以自由地选择这个学期上课或者下个学期休息。当然上课的话，就必须整个学期都上课，不迟到、不缺席，百分百出勤，和负责不同课程的教授讨论学习内容，交出合格的报告书。这样去学习所有必修科目，数年后就能修完所有规定学分。

博士课程的科目需要在指导教授的引导下选择，以便写好博士学位论文。完全按照教授的指示来做，这个原则适用于研究生院的所有研究生。如果教授说把这本书读完后整理一下，就必须按照他说的那样去阅读这本书、修改论文，如果不这样做的话博士课程就念不下去。不管教授说什么都要照样去做到，不能回答："哎，做不到这样啊，我没法更加努力了。"美国绝对不会像日本的教授那样妥协，即使水平达不到论文的要求，日本的教授也会给出良好或及格。

正是因为美国的博士课程如此严格，所以论文写作过程也非常辛苦。首先是博士学位论文的题目，连题目都得和审查论文的三位教授共同讨论后才能决定下来。博士学位论文审查委员会需要针对学生的博士学位论文召开会议，由一名主审、两名副审，共三名审查委员组成。他们会先问："你要研究什么？想要选什么题目？"然后边讨论边确定题目。一旦确定了题目就又会问："题目虽然已经确定了，但是你真的可以写完博士学位论文吗？真的能坚持到最后吗？"这时候学生就要回答："我可以做到，拜托您指导我。"这样才开始正式进入论文写作。选完题后开始写论文，需要在三位教授的指导下，写出他们要求的、具有独创性的博士学位论文，而且论文必须符合大学所规定的水准，无论被世界上哪个国家的读者翻阅，我们都不会感到羞愧。

虽然我学过的课程包含了研究方法和研究科目，我自以为自己知道论文的样式和写作方法，但是实际需要做的研究工作并非我想象中的那么简单。

苦苦熬出博士学位论文，却怎么也通不过审查

博士学位论文虽然按照第一、二、三章的顺序去写，但是写完其中的一个小节我都必须拿去给教授检查，而每次论文到教授手上，就必然会有这样的评语："这里要这样写"，"这个

部分要看这本书，这样才能更深刻地表现出论文的理论”。而且三位教授给出的修改意见有三种不同的特色，我必须按照他们的要求修改论文，直到三位教授都满意了才能继续再写下一章节的论文内容。

就这样写完了第一章，又去写第二章，然后进入第三章，第三章是决定整个论文基调的部分，写到第三章的时候就会开一个博士学位论文研讨会。

研讨会上有主审和复审三位教授，再加上其他四到五位教授，以及正在读博的学生和其他研究生院的学生，都可以自由出席。在介绍完博士学位论文的宗旨和研究方法后，参会者会马上抛出问题。与其说是提问，不如说是挑刺，教授提的问题倒也合理，但是学生提的问题就很刁钻无理，就好像在拖你后腿一样。你必须耐心、认真地回答这些问题，让在场的所有人都能理解和信服你写的论文。

这个研讨会不是开一次就能结束的，需要开到把所有问题都答完才行。有时候研讨会会跨越学期，而学期一变，就会有很多新的教授参会，会提出很多新的问题，这样就得让两个学期的参会教授都认同本章节写的东西，因此要跨学期的话就会难上加难。

按照研讨会上的意见修改好论文后，主审就会签上合格的字样，只有拿到主审的签字，才可以正式动笔进入第三章内容的写作，也就是说，走到这一步才意味着被学校承认有可能取得博士学位，才能拿到大学出具的博士候选证明书（PhD Candidate），有了这个证明书才有资格去别的大学应聘非常勤讲师。

要熬到博士候选证明书到手，开始正式写博士学位论文这一步，许多人要花上半年时间，更有人花了一年甚至五年的时间，在研讨会上一次又一次地被问倒后又重来一遍，美国学生也是一样艰难。这样的研讨会往往让人难以忍受，给人一种坚持不下去，想要放弃的感觉。

我的博士学位论文研讨会开了两次就通过了，算是比较顺利的。

就这样我开始正式地写论文了，但是这并不是说我的心情可以放松下来，随便写一下就可以了，因为研讨会过后，主审和副审三位教授的论文指导才开始真正进入严格的指导阶段。

比如我写了一些内容拿去给教授看，教授就会严厉地批评："什么呀，你写的这是？这也能当论文吗？你这是在写小作文吧。"对论文缺乏逻辑推理和实证性这样的问题，教授会毫不留情地痛斥。更难的是三位教授批评的标准完全不同，主审巴拉塔教授平时经常指导我，一有问题就把我叫到办公室，细致认真地帮我修改论文。复审莫尔金教授和利达·布达沃斯教授，特别是爱尔兰家庭出身的莫尔金教授，怎么解释都不同意我的观点，总是一副"我是专家，我说的才是最好的"的架势。

还有，如果三位专家指出的是同一个问题，建议用同一种方法去修改的话，那还容易修改，但有时会有这样的情况，一位教授说"你往前走"，另一位教授说"你往右走"，而最后一位教授却说"你往左走"，请想象一下碰到这种情况你怎么办才好，真是到了不知所措的地步，这就是发生在我身上的真实事情。

也有人说审查博士学位论文的三位教授意见不同的话，其实会促成一篇好论文，因为这意味着教授都很认真负责，但是这其中的道理我一直到后来才弄明白。在修改论文的那个时候，我一直处于迷茫痛苦之中。每位教授都用英语大声地坚持自己的观点并强迫我照着修改，互不妥协。

莫尔金教授尤其顽固，很多时候其他两位教授都认为正确的地方，莫尔金教授却一再反对说不行。每到这时我就会请求两位教授说："如果你们认为是正确的，请你们去说服莫尔金教授。"于是我们三人便一起走进莫尔金教授的办公室，但即使是这样，莫尔金教授仍然不肯轻易认同我们的观点。

我说："教授，您这是在欺负我呢，还是因为有学术意义？"莫尔金教授冷漠地说："当然是为了学术，你还年轻，应该在大学待久一点，多学习一点。"

尽管莫尔金教授这样坚持，我和另外两位教授还是一遍遍地跑去他的办公室，可能是因为我们说得的确合乎情理，每次磨到最后莫尔金教授才会让步。

他说过他这么做的原因：

"在你的博士学位论文上，我作为指导教师需要签名，而且世界任何地方的学者都可以买来阅读，如果把没有价值的博士学位论文拿出去的话，有损我和福特汉姆大学的颜面。"

原来他把自己的名誉加到我的论文里了。

博士课程的难关不止这些，最后还有一个 comprehensive

exam（综合考试），需要在教室里回答与博士学位论文相关的问题，一天一个科目，总共两天，回答两个科目的问题，每天写三小时以上，直到答完，一天时间内需要写下相当于两本书分量的文章。考试前两个月拿到问题，开始准备。到考试的时候花上三个小时以上，和别的学生一起在教室里，什么也不看地写下来，答题时间不限，可以写到晚上。为了准备这个考试，我花了大量的时间，整整一个月夙夜不眠地埋头苦学，还是觉得时间不够用。

两天的考试结束后的一个月，试卷评分已完成，莫尔金教授把我叫到办公室，他一边给我看试卷，一边对我说："你的两门课的笔试卷子分别给两位教授评了分，一个科目合格，另一个科目不合格。"我和莫尔金教授两人重新看了遍我写的答案，都认为我的答卷应该评为合格。

我正了一下神色，把矛头转向莫尔金教授，问道："莫尔金博士，您作为系主任是什么评价？"我花了那么长时间准备，绞尽脑汁才把答案总结得那么有条理，我觉得自己已经到了极限，无法再试第二次了，因此才问出这样的问题。

莫尔金教授回答我说："你的逻辑推理是正确的，你确实是好好努力了才达到这个水平，这次综合考试的回答没有错误的地方。我作为系主任给这门不合格的科目重新评了分，决定给你合格。"直到这最后时刻莫尔金教授才总算认可了我的努力，第一次显示出了他是有人情味的老师。为了让学生达到教授的要求加倍努力学习，教授一而再、再而三地"欺负"学生，学生流着泪也要顶住困难坚持学习，最后总算让自己达到了要求。这时候学生才能真正感受到成长带来的快乐。莫尔金教授正是一位能够促使学生飞跃成长的教授，一位“真正的模范教师”。我真心感谢莫尔金教授。

学习了，就必须改变自己，让自己变得更加优秀

博士课程最后一关就是答辩了，答辩通过了就可以取得博士学位。在完成博士学位论文第五章“结论”后，当三位论文审查员都对内容满意的情况下才可以进入答辩。论文答辩和研讨会一样，谁都可以参加并提问，学生和教授都会过来。

在哈佛大学获得博士学位的好友尤勒教授悄悄地告诉了我论文答辩的常见问题，里面有 40 个问题，每个问题又分为 3 个部分，总共 120 个问题。也就是说到时候会从这 120 个角度，对我的博士学位论文再提出问题。对于这 120 个问题，我做了周密的准备，不管问到什么问题都能对答如流。

总算到了答辩的时候。大约两个小时的时间，在这两个小时内，他们彻底地分析了我的论文，接二连三地抛出问题。我拼命地用英语回答，绝对不说不知道，为了减少新的问题的出现，对于被问到的每一个问题我都绞尽脑汁尽可能详细地用英语回答，多占用一点时间。

答辩结束后还没来得及喘口气，就被安排在教室外等候。我走出教室后，论文审查委员用 10 到 15 分钟时间讨论我是否能够取得博士学位。

然后，等我的名字被叫到时我再次回到教室。巴拉塔教授站起来说：“祝贺你，中岛博士。”在那一刻，我成为教育学

博士。

世间的景色在那一瞬间就仿佛都发生了变化，我浑身疲惫不堪，耳边回响起加利福尼亚州立大学麦金斯利教授说的话：“要取得博士学位，费神劳心自然不用说，还要消耗体力，流汗挥泪，和运动锻炼完全一样。”

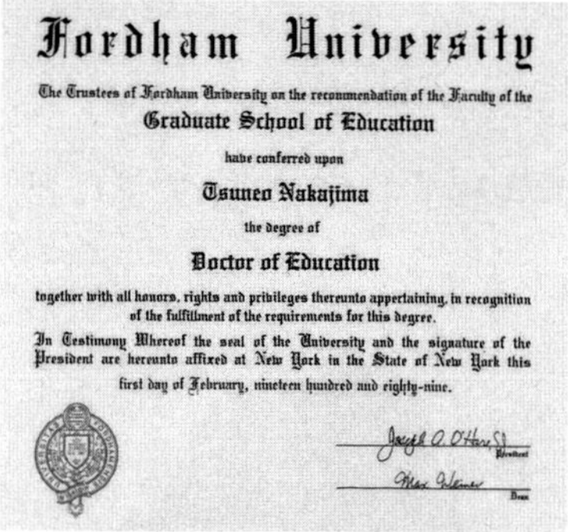
Fordham University

The Trustees of Fordham University on the recommendation of the Faculty of the
Graduate School of Education
have conferred upon
Tsuneo Nakajima
the degree of
Doctor of Education
together with all honors, rights and privileges thereunto appertaining, in recognition of the fulfillment of the requirements for this degree.
In Testimony Whereof the seal of the University and the signature of the President are hereunto affixed at New York in the State of New York this first day of February, nineteen hundred and eighty-nine.

在福特汉姆大学获得的
教育学博士学位证书（1989 年）

进入博士课程能够完成论文拿到学位的人据说只有二分之一，甚至是三分之一，我能拿到博士学位完全是一个奇迹。在美国拿到博士学位，意味着真的努力过了，真的忍受过了不同想法的撞击，熬过了种种严苛的批评，表示已经能适应各样不同的思维方式，得到了成长。和相扑选手一样，入门时的身体状况和成为冠军时的状况完全不同，我感觉大脑的构造发生了完全的改变。

硕士课程和博士课程的不同之处在于，硕士课程主要是修读课程，只要把每门科目学好即可，也就是说会英语，并且认真上课就可以毕业。但是，博士课程光修读课程是不行的，博士课程的条件、标准和硕士课程也完全不同，进入博士课程之后的研究方式更是不一样。博士课程为了培养称职的研究员和大学教授，对逻辑推理的要求极高。博士课程要求学生朝着目标快速前行，跌倒后再爬起，无论多少次都必须坚持下去，要慢慢达到目标。在接近目标的过程中必须彻底跨越障碍，在接受严苛的训练过程中不断增强自己的实力。

与硕士课程相比，博士课程更需要头脑灵活、聪慧灵敏、忍耐力好，在异国生存下去的强大生命力。我就这样在福特汉姆大学教育学研究生院获得了博士学位，在此过程中，我明白了这样一个道理："学习了，就必须改变自己，让自己变得更加优秀，这才是真正的教育。"

这句话也可这样解释："教师学过后，就要让学生发生变化，让学生学得更好。"

也就是说，从别的老师那里学到的道理，可以转换成自己的教学方法。

哈佛大学和福特汉姆大学的教学方法，能让学不好的学生学好

我在美国不停奋斗，读完硕士课程又攻读博士课程，最后好不容易取得好成绩，拿到了教育学博士学位。这个时候我只觉得自己筋疲力尽，还弄不清自己是不是真的变聪慧了。

当我回到日本，在我经营的阳光学园，以及日本的大学里接触到日本的教师时，我真的感觉自己变优秀了。在我见识过日本教授的阅读理解能力、论文写作能力后我这个想法就更加坚定。日本博士的实际状态是，他们中大多数人时不时用莫名其妙的专业术语和外语，说一些与社会常识脱节且自相矛盾的话语，和他们相比，我感到"自己难道不是更有实力、更优秀

的学者?”

此时我更加强烈地意识到，即使像我这样“学不好”的人，用福特汉姆大学的学习方法也可以变得聪明优秀。如果用福特汉姆大学体验过的教学方法去教那些没能考入一流大学的学生的话，不就是可以把他们培养成“学得好”的学生吗?

他们只是因为不适应以死记硬背为主的大学入学考试的应试教育，所以被大家认为“学不好”。但如果能够改变教学方式，启用我在福特汉姆大学接受的教学方法重新培养他们的话，应该可以转变成“学得好”的学生。

这些学生也许因为不会英语才没能通过大学入学考试吧。但是，他们肯定会日语，因此用日语培养他们就有可能提高他们的水平。美国人在思考的时候肯定不会用日语，而是用英语思考，同样，日本人就用日语来思考。语言训练什么时候能达到最高的效率?不是聊天的时候，而是思考的时候。既然这样，且不论阳光学园的学生英语水平如何，只要用日语思考就没问题。只要使用我掌握的哈佛大学和福特汉姆大学的教学方法，就应该可以让他们掌握日语的阅读能力和写作能力，并且能达到一个较高的水准。

在这个国际化的时代，有人认为有必要掌握一门外语，但是也不见得所有人都必须这么做。其实可以有很多选择，不会英语的人，只要会说中文、会用电脑语言，或者把日语说好也就足够了。特别在我的专业学术领域，能用日语表达就已经足够了。

高难度考试合格者就一定优秀吗

在日本，直到现在大家都认为能通过高难度考试的人就是优秀人才，那些曾经通过名牌大学入学考试、通过国家公务员Ⅰ种考试的人实际上也正是那些推动日本发展的人。大概十年前这种做法还能符合时宜，因为那些人都是“擅长背诵”的人，或是“忠实于教科书或者操作手册”的人。他们的确认真勤奋，是大多数学校和教师教导出来的榜样一般的人物。他们自明治时期以来一直在推动日本的发展，这也是一个不争的事实。但是他们接受的训练却是“一定要有正确答案”，而且“一个问题只有一个正确答案”，因此他们在工作上也往往会认为“正确答案就只有一个”。

在过去以西方列国为楷模的时代，日本那些勤勉、精于考试的官僚发挥了自己的力量。自明治开国以来，日本人用天生的勤奋，拼命地学习西欧“这本教科书”，把里面的内容全部背了下来。但是最近，在日本的街头巷尾，人们议论纷纷，开始怀疑官僚的办事能力。为什么会这样呢？这是因为日本国家经济水平已经达到了世界前列，再也没有能够学习的榜样和能去背诵的教科书，已经进入了一个必须用自己的独创能力解决问题的时代。

在现实社会中的各种问题中，“只有一个正确答案”的问题几乎不存在，只要推导答案的逻辑正确严谨，完全可能出现几个不同的答案。“这个回答绝对正确”，“这个回答绝对不正确”，这样的情况其实不会发生。要得出推论正确的回答，就要收集、分析各种各样的资料和信息。不仅要自己思考，还要和别人讨论，听取不同人的不同想法，从中选择最佳解答。找出的解答是否正确，这个问题就需要花上数年，或者数十年的时间，交给历史来判断。

现今日本的学校教育还没有出现一种学术研究或教学方法，能教导学生从铺天盖地的信息中选取重要部分组建成条理清晰的文章，为达到这个目的，教师需要和学生一起思考如何得出结论。

日本的大学入学考试只有一次定胜负的机会，考试时间也有限，因此有很多测试记忆能力的填空题。为了得高分，学生会把难度大的题目留到最后，先做能凭借记忆解答的题目。那些习惯了应试教育的人进入社会后，也会先去应付那些已经知道答案的问题，对没有先例的问题，或者说没有处理范本的问题，他们就会不知所措。

例如，曾经抢手的“黑钻石”煤炭；战后日本经济复苏期“动一动机器，哐当一下赚大钱”的纺织业；三白景气①时期盛行的水泥、砂糖、化肥；还有一直到最近还保持良好经济态势的那些综合建筑公司和日本航空等企业，都已经不再显现昔日的辉煌。最近，连百货商店、超市、银行、商社、房地产、建筑业等行业，也不难见到诸如裁员、解雇、倒闭、合并之类的情况。但是这些行业辉煌一世之时肯定也录用了许多以东京大学为首的多所名牌大学的毕业生，既然聚集了那么多的优秀

---

① 三白景气：1955年前后水泥、砂糖、化肥这三种白色物品需求旺盛的时期。

人才，为什么还有这么多曾经鼎盛的公司会变得衰弱，最终倒闭，成为过眼云烟呢？为什么那些应试教育的精英不能解决放在眼前的问题呢？为什么改变不了旧的经营战略，踏上新的改革道路呢？

这正是因为日本陈旧的、背诵式的教育培养出的应试人才，面对史无前例的危机时，无法柔性、灵活地掌控眼前的局面。面对时代骤变带来的社会结构的转变时，他们无法采取最佳经营战略让公司适应新的竞争环境。有些规模小的公司，招纳的名校毕业生虽然少，但是因为不拘泥于传统商法，把主要精力转移到当下时代所需的器具等畅销品上，所以有很多现在仍然保持稳定的经营业绩。

现今世界的珍贵人才需要解决的问题是那些崭新的，且没有答案的问题，爱因斯坦、伽利略等史上闻名的科学家挑战的问题也都是没有正确答案的问题。

学生出校门进入社会后，遇到的问题是否有正确答案不得而知，那些应试精英擅长的“标准范本时代”早在19世纪70年代就结束了，生产大量标准商品的旧制造业时代也在19世纪80年代告终，之后跨入的是一个以新法取胜，不断展现创意，满足顾客需要的新时代。

今后的时代不再需要拥有出众背诵能力的应试精英了，我认为新时代寻求的人才应该具有创造能力和思考能力，能发现问题、解决问题，懂得去思考“如何做才能够既让别人满意，又让自己获利”。我创立的东京福祉大学正具备了培养现今时代所需人才的教育方法。

倘若注重教育的平等，就无法提高学生的能力

我说过“没有学不好的孩子”，这其实不是对学生，而是针对引导他们的教师而说的。前几天我和一位曾做过小学校长的老师交流，他说：“日本的教师一教书就给学生分档次，这个孩子学得好，这个孩子学得不好，他们从来没有想过要把学不好的孩子教到学好为止。”“只有没有能力的教师才说学生学不好”，这句话作为教师应该牢牢记住。学生学不好正是因为教导学生的教师没有尽到应尽的职责，没有认真地引导学生去努力学习。

日本的教育特别容易陷入这样的困境。原因在于日本是一个高等教育发展滞后的国家。日本的一流学校，小学、中学、大学都有高难度的入学考试，但是进了大学以后，就算不学习也没人管，因此才出现了许多无能的学生和教师。

美国的大学虽然也会给学生录取的机会，但是要把大学读下来却很难。美国的教师也同样不容易。美国的教育学研究生院里有那么多同时在小学到高中教课的教师，他们一边在自己学校任教，一边来大学上课。他们这么做是因为他们刚做教师的时候，合同一年一签。他们从学校毕业后取得教师资格证开始工作，在纽约教书教 7 年才有可能拿到专职教师资格，在这 7 年内还需要去读研究生，完成硕士课程，只有获得了硕士学位，才有条件成为专任教师的审查对象，享受终身雇用的待遇。

我之所以说日本的教育是发展滞后国家水平，是因为日本不认为应该通过继续深造来维持教师的水平。

在美国，一旦取得了硕士学位成为专任教师，工资就会上涨，美国根据年龄和资质两方面来确定工资。日本只有在录取的时候会加大难度，当教师进入学校后，就算不在教育上下功夫也没关系。教师的时间似乎都花在课堂教学以外的事上了。要是教师批评学生，说全是因为学生弄不懂、不好好学习、没有能力学习，这或许也有一定道理，但我想既然身为教师，就要充分发挥教育者的作用。

日本因为没有这样的竞争制度导致教学不够严格，使大学教授的教学能力停留在偏低水平。即使教师努力去改变现状，也会因为年功序列①制度而拿不到更多的奖金，因此大家都不愿尝试新的研究，而把维护现状、保守工作、平稳度日作为上策。

日本也没有一个正式审查、评价学术论文的机构，因此各个高校的论文质量高低不同，参差不齐，有些论文根本看不懂到底写了些什么，也没有专人去做评价，从这里也可以看出日本高等教育如何举步不前。正如《大学教授之所以不辞去工作》(川城洋编著，《日本时报》，1995 年）一文所说："虽然大学学报上登载着大学的研究成果，但是除了教授本人和学报编辑外，几乎没其他人会去阅读。连在学报刊登文章的作者都有可能不懂得怎么写论文。"

在美国，专业的学术杂志已经系统化，审稿人肯定会给出评语，或批判，或要求重写，或评价是否有价值。作者按照要求修改后才可以在学术杂志上刊登，论文质量的高低由登稿杂

① 年功序列：日本公司采取的按照工龄计算工资的方式。

志的水准来决定。杂志编辑也会给出批评和质疑，教授一边投稿，一边接受审稿人的批评，按照指导意见重写，接着再一步步地在更高水准的学术杂志上发表论文。

日本的学会没有这样的学术杂志，已经刊登的论文也不会有其他专家来批评指正，极端情况下，有些论文甚至可能会用一些专业术语来掩盖内容，故意让读者看不明白。这正是因为日本过于注重平等，所以才会有这种情况发生，日本在学术圈也要导入竞争机制。在日本，私立大学教师被称为“专任教师”，国立大学教师被称为“助教”，一旦以这种名义被大学录取，就会按照工龄一步步往上升，不需要再付出努力。这种令人慵懒的机械化体制应该早日废除才好。

福特汉姆大学教育学研究生院入学和毕业的必要条件

我来介绍一下福特汉姆大学教育学研究生院入学和毕业的必要条件。

一、福特汉姆大学教育学研究生院硕士课程入学的必要条件

入学申请人必须是在纽约大学理事会认可的大学取得人文或者自然科学的学士学位，或者完成相应的学业，成绩良好。

母语不是英语的情况下，托福考试必须考取足够好的成绩(550 分以上①)，以此证明英语写作、阅读和会话能力。如果没有良好的英语写作能力和会话能力，就会在写论文时困难重

① 托福考试现在满分 120 分，当时的 550 分相当于现在的 80 分左右。

重，不仅无法继续正常学业，还有可能被停止学业或被开除学籍。

需要两位熟悉入学申请人经历的人士书写推荐信，写明申请人从事的职业能够体现其优秀的教育学学术背景。

硕士课程结束后就是博士课程，这又是一道难关。要进入福特汉姆大学教育学研究生院读博，每个专业都从 800 名至 1000 名申请者中录取 10 名左右，其中包括从其他学校毕业的申请者，从这个比例可以看出入学之门有多狭窄。

二、福特汉姆大学教育学研究生院行政管理专业博士课程入学的必要条件

具有硕士学位，已修读科目中必须包含与各个专业要求相当的基础科目和中级科目。

硕士课程的各门课程的成绩平均绩点大概在 3.5 以上（即 B+或者高于 B+水平）。

GRE 或者 MAT（研究生院测试学术能力能否适应的考试）的成绩良好。

拥有符合研究生院博士课程水平且具有良好的英语写作能力、阅读能力和会话能力（对美国学生同样如此）。

提交的研究计划书等材料能体现出申请人的学术能力、有说服力的交流能力、指导统率能力，而且博士课程研究目的明确。

在教育领域至少有 3 年以上作为专家的经验，或者有适当的经营学校的经验。

具有适当的教育行政管理专家学位，或者具有符合取得该

学位要求的必要能力。

只有通过这些严格的入学审查，才可以拿到博士课程的入学通知，而这仅仅是完成了预入学的第一步而已。

三、福特汉姆大学教育学研究生院博士课程毕业的必要条件（一）

对几乎所有的学生而言，刚开始的时候在学籍上都只被许可为临时入学，当该学生有希望修到 12 至 15 学分（博士课程的科目合格）时，才可以申请博士课程的正规学籍。提交申请后，各个专业的教授进行审查，在得到教授的推荐和研究生院研究所所长的认可后，博士课程才能继续下去，这也意味着正式的博士课程学籍得到认可。

被认可进入博士课程后，从此日开始 8 年之内必须修完目标学位所规定的学分。1 门课 3 学分，至少得修读 45 学分，但在大部分的情况下，学生需要修读更多的科目。

取得正规博士课程学籍的学生，必须参加该专业领域的住读研讨会，时长一年，在此期间必须参加各个领域的优秀研究者举办的月例研讨会（至少满一年）。

博士课程的研究就这样开始了，但为完成博士学位论文，取得博士学位，前面仍然有无数难关。

四、福特汉姆大学教育学研究生院博士课程毕业的必要条件（二）

除了博士学士论文外，在修读完成必要的科目后，为了测试专业领域的学术能力，必须参加综合学习能力资格考试或者接受以此为标准的评价审查。只有通过这个考试，或者在审查中合格，学生才被获准博士学位的候选资格（PhD candidate）。

不及格的人可以在下个学期再考一次，但是如果第二次考试也不及格，该学生就会被开除博士学籍。

拿到博士学位候选资格的人必须登录博士学术论文研讨会。在研讨会上必须不断提高博士学位论文的研究水平，直到教授认可为止。

如果研讨会持续两个学期（1 年时间）仍未得到教授认可的话，需要在系主任召集的教授会议上决定去留，或能否继续研究。

拿到博士学位候选资格的人必须在主审查官和博士学位论文委员会的指导下，写出富有独创性的高水平的博士学位论文。

拿到博士学位候选资格的人在完成博士学位论文时，必须在该研究领域的论文答辩中过关。

只有攻克这一个个难关，才能最终获得美国最高学位的博士学位。如果不这样磨炼自己，那么无法在这个变化不断、多彩多样的国际社会中成为真正的精英领袖（美国私立大学的博士学位不仅高于日本，还高于欧洲，被认为世界最高水平）。

在哈佛的教育体系中，能够忠实地执行要求的人，保证可以获得相应的成果，但是要做到这点本人必须不断地努力奋斗，就像精通一项运动技能那样付出热情和努力，要挥泪洒汗地奋斗。而毕业于日本大学的那些习惯被动接受知识，缺乏主动性的学生，在美国是不可能顺利毕业的。

〈资料 5〉

中国的海南岛

东京福祉大学每年冬天都会在中国最南端的度假胜地海南岛实施“中国冬季短期留学”。海南岛作为一个旅游经济特区急速发展，其海滨度假村十分引人注目。以下是去海南出差的大学职员提交的报告书。

中国海南岛出差报告书

东京福祉大学学习中心入学课[①]　德田衣佳

得此机会和总长以及其他教师一起去海南岛出差，时间从2006年8月7日到13日共7天6夜。在此我给大家汇报一下我的所见所感。

我先简单讲一下我们旅居的海南岛海口市。海南岛虽称为“岛”，但却和日本的九州一样大，被称为东方的夏威夷，是中国最大的度假胜地。从机场开车到海口市约需要30分钟，海滨城市的沿海道路旁，排列着都市化的酒店和高级公寓，城市开发势头迅猛。

海口的郊外有度假酒店、高尔夫球场、游泳池和海滩等各种休闲设施。这里早晚气温不高，十分舒适，但是白昼日照强烈，气温会上升到35度以上，因此当地居民从早上7点半左右开始工作，11点到下午2点午休，等天气稍微凉快一点再

① 入学课：日本高校负责招生的部门，相当于我国高校的招生办。

开工。

接下来我想讲一下我们下榻的海南教育研究所。海南教育研究所位于一栋安全且漂亮的24层的高层建筑内，24小时保安管理，还有很大的绿色庭院和宽阔的游泳池，景色之优美是日本的高层建筑无法比拟的，仿佛到了美国的夏威夷或佛罗里达。特别是卧室，地面和墙壁铺满了华丽的大理石，即使是在日本高级酒店的大厅也从未见过如此奢侈的装潢。除了总长的卧室还有三间客房，都安放了皇式大床和椅子，还有厨房、浴室、洗衣机、电视机和立体音响等设备，每天都能舒适地生活。

我们也参观了同层和其他楼层正在装修的房间，无论哪个房间的家具和墙壁都搭配独到、装修豪华，我在日本从未见过这等格调。听说买下公寓房的都是北京和上海的实业家等富裕阶层，看建筑物本身和房间里的样子，感觉中国的高收入者数量不仅不次于日本，还比日本人更加富有。这里的高层公寓多达数十栋，能够在这儿生活的富人之多让人惊叹不已。

总长邀请我们去教育研究所1楼泳池游泳，当时里面正好没有人，因此我们等于包租了整个游泳池。泳池又大又好，比我今年黄金周去夏威夷的豪华酒店喜来登威基基酒店的游泳池还要宽阔明净。

接下来我想介绍一下海南岛的佳肴。在旅居期间，早餐是我做，午餐和晚餐基本上在外面吃。说起在外面吃饭，肯定就是中华料理了，中华料理里既有湖南的辣味菜馆，又有专吃鸡肉的饭馆，还有专吃鱼肉的饭店，种类繁多，每家饭店各有特点，每天都能享受到不同的美味。

此外，从教育研究所步行没多远就有一家高级餐厅，锁定高层公寓住户为其顾客，价格档次高，客人也不多，我误以为只有外国游客才会进去用餐，但是进去后发现除了我们找不到其他日本人和欧美人的身影，进来的全都是中国人，对此我也感到十分震惊。

这家高级餐厅用很多日本不多见的食材，我有生以来第一次吃了一道名为“白凤爪”的菜，那是把整个凤爪长时间烹煮出来的料理，据说是中华料理中颇为高级的菜肴。

在旅居期间我们去的几家餐厅中，给我留下最深印象的是“海南贵族游艇会”的晚餐。这里的设施有住宿、温泉、餐厅、游泳池、海滩。在美国的总部也有高级社交场所，只要是熟人，即使不是会员也可以住宿、吃饭。“海南贵族游艇会”的露天餐厅座位靠着大海，可以欣赏夕阳入海的美景，太阳落山后还可以欣赏到远处城镇高楼灯光闪烁的夜景。在舒适惬意的海风的吹拂下，桌上的鱼肉类食物美味无比，我享受着美景佳肴，明白了为什么海南岛被称为“东方夏威夷”。

还让我印象深刻的是餐厅船，在两层高的轮船单间里，我们一边愉快地欣赏着窗外的景色，一边享受着美味佳肴。坐上这艘餐厅船之前，先要在一个摆放着新鲜鱼类、贝类、虾蟹等海鲜的柜台，如同菜市场那样挑选自己喜欢的食材，随后交给餐厅烹饪。我们坐上船后，船从港口出发，驶向大海，我们在徐徐海风下享受着美味。因为船上没有做饭的地方，所以菜是在港口烧好，由小摩托艇运送过来，这种操作方式让我非常惊奇。每一张桌子上都放有一个小煤气灶和一口大锅，活的海鲜在我们眼前被煮成鲜汤，真的非常鲜美。菜肴传递出的宏大气魄和船上的优雅气氛相互衬托，只有在海南岛才能享受到这样的餐厅船。船上十分拥挤，客人也都是中国人。

此外，为了买早餐的食材我还顺便去了趟超市，超市有三层楼高，规模很大。海南岛不愧是名副其实的水果王国，超市里有椰子、芒果、菠萝、香蕉、木瓜和榴莲等各种热带水果，像小山一样摆放着，把我看得眼花缭乱，不知道买什么才好。建议日本的读者不要只是满足于日本的中华街，一定要去中国亲身体验，品尝当地正宗的味道，才能知道什么才是真正的中国。

我们此行还想充实一下东京福祉大学和计划开设的保育所的设备，因此我们还去了乐器店、家具店，参观了幼儿园，我想跟大家讲述一下我当时的感受。我们去中国之前，说老实话我对中国产品的制作过程和安全性能感到担忧，对使用中国制造的产品有抵触情绪。但是当我看到真的中国产品时，切身感受到了中国产品的高超品质。中国的产品价格便宜，约是日本的五分之一，这个自然不必多说，最令我吃惊的是商店里陈列着的家具和照明器具的种类丰富多彩，两层楼的商店里摆放着满满的孩童家具，还有用于办公、待客的沙发、桌椅、床等，色彩各异，琳琅满目，无论哪一款都是现代样式，借鉴了法式和意式的设计，又有独到的品位。总长在众多商品中费尽心思地挑选了上乘的三角钢琴，准备放在东京福祉大学的本部，还挑选了高级的枝形吊灯，用于装饰大学校园。

此外，为了调查研究名古屋新开的茶屋德重保育园里放置的大型游乐器具，我们还去参观了海南岛幼儿园的操场。幼儿园里的设备中，提供幼儿玩乐的有合体的滑梯和秋千组合、沙土堆，还有单杠等器具，十分牢固安全，质量丝毫不逊日本产品，我深感中国产品的安全性之高。

去中国之前，我顾虑重重，总是担心“中国的道路是不是铺好的平坦水泥路?”“机场的各种设施都配备完整吗?”，但是实际上我们的国际航班的中转站上海机场比日本的国际机场都要大 10 倍左右，海口市的道路也是双向四车道，海口市是一座拥有高速公路的现代化城市。

被誉为“东方夏威夷”的海南岛，和我去之前想象的完全不同，这个南国城市展现了高级度假胜地的风景，而那些与自然景观融为一体的高耸入云的高级公寓和高楼大厦象征着中国惊天动地的发展势头。无论我走到哪里，人们都笑脸相迎，就算语言不通，当地人也用手比画着交流，表情丰富地过来打招呼，让我对这个城市充满好感。海南岛气候温暖、海水清澈，充盈着自然之美，发散着开放自由的气息。这个岛屿魅力四射，不仅吸引着中国各地的游客，也吸引着世界各国的游客。

以前我一直对中国产品持有消极印象，认为“便宜没好货”，但是实际上到销售中国产品的现场亲眼看过之后，我就彻底改变了自己的想法，开始觉得中国产品物美价廉。

中国国土面积约是日本的 25 倍，拥有 10 倍以上的人口，这个庞大的国家，经济和文化地域差距显著，不可以用单一的视点去描绘。这次从日本乘坐飞机 5 小时就能到达海南岛，我在这个充满魅力、商业化发展迅猛的岛屿上，真的经历了一次非常宝贵的体验。我十分敬佩总长的眼光，他很关注中国商业的高速发展，中国拥有日本无法比拟的丰富资源，今后定能促进全世界的发展，而不仅仅是让日本等周边国家发生改变。我对总长的先见之明深感叹服。

在海南岛一周时间转瞬即逝，希望我校的学生和教师都能去中国亲身体验，感受一下中国这个发展中国家的巨大能量。

〈资料 6〉

“名不副实的硕士”让企业极度困惑

——学生能力远远不及实战所需

日立制作所技术研修所位于东京西新桥，每年一到夏天，就会请大学教授过来站在研修所讲台上，零基础讲授机械工程的基础知识和设计图制作方法，培训课程的热心听众是刚刚从各个大学硕士毕业的新入职的员工。

当初的新人培训是为了让员工早日从基础知识转向应用领域，“但是这几年花在基础知识培训上的时间变长了”，工作人员叹息道。

机械工程专业毕业的学生画不出产品设计图，电子工程专业的硕士生不会设计电路，信息工程专业的学生连程序设计都不行……近三四年，录取新员工的各部门都发现这样的难题。该公司研究同盟室室长武田健二埋怨道：“如果高校研究生院能好好教育这些学生的话就好了……”

大学激動 第3部

大学院肥大化のツケ ②

即戦力ほど遠く

「上げ底修士」企業困惑

東京・西新橋にある日立製作所の技術研修所。毎年夏になると、大学教授らが教壇に立ち、機械工学の基礎や設計図作製のイロハを一から教える。この"授業"に熱心に耳を傾けるのは、修士課程を終えたばかりの新入社員たちだ。

もともと基礎から応用分野までをやり直す研修だが、「ここ数年は基礎部分にかかる時間が長くなった」とスタッフはため息をつく。

機械工学系を出ても製品の図面が書けない。電子工学系の修士なのに回路設計ができない。情報系でもプログラミングすらできない……。「ここ三、四年、新入社員を受け入れた各職場から、こんな報告が上がってくる。「大学院がきちんと教育してくれていれば……」。同社の武田健二・研究アライアンス室室長の口から恨み節がもれた。

■ ■

各大学が大学院を新設・拡充したことで、修士課程への入学者は十年前の約二倍に増えた。企業の採用も理系を中心に大卒から修士へと軸足が移る。

だが質の低下は企業から見ても深刻だ。

味の素が昨年春採用した技術系新卒は四十六人全員が修士以上だった。だが内定を出すのは大変な作業だ。三十—四十人採用するのに、十年ほど前は三百—四百人の修士と面接すれば足りたが、今はその約三倍、千人余りを面接して何とか決まる。

江藤弘純・執行役員研究開発戦略部長は「かつての大卒とレベルが同じで、学歴だけ上がったような人が多いためだ」とこぼす。

背景には大学院の教育体制の問題があるが、就職の失敗や資格試験への挑戦のために、一時的に籍を置く「モラトリアム院生」の存在もある。

立命館大の近森節子キャリアセンター次長は「将来にマイナスになりかねないから、目的がないなら大学院へ行かない方がいいとアドバイスするケースもある」と打ち明ける。

経済同友会の調査によると、大学院卒の採用で重視する能力は一九九九年は「専門知識・研究内容」が会員企業の六二・六%で一位だったが、二〇〇三年は三四・六%に急落。〇三年の一位は「意欲・熱意」の六四・〇%が取って代わった。

世界的な研究者や高度な技術を持つ専門家の育成を目指して始まった大学院拡充だが、年を追うごとに企業は期待を失うという皮肉な結果だ。

■ ■

大学側でも新たな試みが始まっている。

ビジネスにも精通した技術者を育成するため、明治大理工学部は、学部四年と修士二年の「六年一貫教育」を掲げ、独自のカリキュラムに取り組む。

大学の四年間で技術系の基礎を徹底的に身につけさせたうえで、専門教育では法学部や経済学部とも連携する。目指すは経営や法律も分かる理系人材の育成。「複雑・多様化する産業界で、どんな分野にも対応できるようにしてやりたい」と向殿政男学部長は力説する。

では卒業生たちは「肥大化した大学院」をどうみているのか。

経団連が〇三年、修士を中心とする入社三—五年の若手技術者に聞いたところ、七割近くが大学・大学院教育のあり方に不満を抱いていた。いわく「社会人になって初めて研究の目的が分かり、後悔した科目が多い」「卒業生の進路は多様なのに、アカデミックな教育が主目的なまま」……。

彼らの苦い経験はフィードバックされるのか。「六年一貫教育」は徐々に効果をあげるのか—。その答えは大学院側の危機感の度合いにかかっている。

ご意見やご感想を教育取材班まで、FAX（03・3279・5570、大阪06・6941・2676）または電子メール（shakai@tokyo.nikkei.co.jp）、手紙でお寄せください。

「6年一貫教育」の効果は出るのか（22日、明治大の修士論文発表会）

2005 年 2 月 22 日明治大学硕士论文发表会

因为各大学研究生院的增设和扩招，进入硕士课程学习的人数增加到 10 年前的 2 倍，企业的新人录取以理科为主，录取对象从本科生转向了研究生。但是高校毕业生的素质不如往年，这一点企业也深刻地认识到了。

味之素公司去年春天录用的技术类应届毕业生中的 46 人全部是硕士以上文凭，然而选拔新人时却十分劳神费力。10 年前只需面试 300 到 400 人的研究生就可以了，现在面试的人数是 10 年前的 3 倍，大约要面试 1000 多人后才能决定下来。执行员工研究开发战略部部长江藤弘纯抱怨说：“现在的硕士生只是学历提高了，水平还和以前的大学生一样。”

问题就出在高校研究生院的教育体制上，有些大学本科毕业生因为找不到工作，或者因为想考一下资格考试或延迟工作，所以选择读研究生院。

立命馆大学就业中心处副处长近森节子透露道：“如果毫

无目标地去读研究生，有可能对将来造成负面影响，我们会劝这样的学生最好不要去考研究生院。”

经济同友会的调查显示，公司录用研究生院毕业生时看重的是能力。在 1999 年占比最高的 62.6％为“专业知识和研究内容”，然而到 2003 年时，其占比猛降到 34.6％，取而代之的是“积极性和热情”，占比为 64％。

研究生院扩招的目的是培养能在世界范围通用的研究人员和具有高度技术的专家，但是一年年培养下来后，企业对高校也失去了信心，这是一个很令人嘲讽的结局。

高校也开始了新的尝试。明治大学理工学院为了培养精通商业的技术人员，提出大学 4 年、硕士 2 年的“本硕 6 年一贯制教育”这一理念，致力开发有特色的课程。大学 4 年除了让学生彻底掌握技术类的基础知识和技能之外，还在专业教育领域里与法学院和经济学院展开合作，培养懂得法律和经济的理科人才。向殿正男院长强调：“针对当今复杂而多样的产业界，我们要培养能够应对各种领域的人才。”

那么毕业生又是怎样看待这种趋向“肥大化”的研究生院的呢？

2003 年，日本经济团体联合会以硕士毕业生为重点对象，询问了刚进入公司 3 到 5 年的年轻技术人员的近况，结果是近 7 成的毕业生对大学和研究生院的教育现状感到不满。他们的不满是因为“走入社会后第一次才知道研究目的何在，后悔有很多科目没有好好去学”，“毕业生走上的工作岗位多种多样，但学校却仅仅以学术性教育为主展开教育”。

毕业生的这些痛苦经验得到改善了吗？“本硕 6 年一贯制教育”的效果显现出来了吗？答案取决于研究生院能感受到的危机有多大。

第五章
高校重在意识到“学生即顾客”

我要向顾客（学生）提供高质量的课堂

在研究生院举办讲座

把学生当成顾客对待，这个观点在美国私立大学是非常普遍的。因为是顾客，所以要让学生出钱买课，又因为学费相当昂贵，所以必须让学生对课堂感到充分满意才行。为了满足顾客的需求，学校必须提供优质的产品（也就是一堂堂的课），让他们切实地掌握知识，变得聪慧睿智。为了让学生心甘情愿地缴纳昂贵的学费，就必须保证课堂教学内容在他们毕业之后能发挥实际的价值。

所谓的优质课堂是指可以让一直“学不好”的学生变成“学得好”的学生的课堂。让那些到高中毕业只会看漫画，缺乏读写能力的学生改变成真正拥有大学读写能力的学生，让他们有能力去做学问，这也许只是一个理想。但是美国的大学和研究生院的教育体系正在实现这一理想，他们的这套体系针对的就是高中没有好好地接受应试教育的学生。

美国的大学生在刚进大学的第一年，首先必须面对难以读懂的教科书，承受莫大的压力，但是这时会有专业人员来帮助他们，那就是教师。在美国，教师会用心了解学生的想法，熟练地引导学生，有时也会强制要求学生。“大家都懂了吗？重点就在这里。下面请自由讨论，和同学讨论后请找出正确答案，发现答案后就用通俗易懂的语言、有条理地总结成文章。”教师会这样引导学生，强制学生阅读课本、自由讨论，并让他们整理思路后再总结想法。这样反复训练学生后，再循序渐进地让学生阅读难度更高一点的书本，总结要点。这样一来，学生每个学期都能进步一点，慢慢变得优秀。这样的课就是优质课。

想要把课堂质量提升到优质水平，首先必须让学生参与课堂。学生在课堂上保持精神高度集中，会耗费脑力和体力。教师在课上让学生起身朗读教学参考案例，说出其中的重要之处，如果有需要板书的重要内容，教师要让学生写在黑板上，而不是自己去写。通过这样的方法让学生参与课堂。教师把打算在课堂上讲解的内容制作成教学参考案例，课前做好准备，不管学生问什么问题都要能够一一解答。

日本现如今考入大学的学生年龄大多是 18 岁，他们还小，不懂究竟要在高等教育中追求什么目标。然而，随着今后社会结构的不断变化，越来越多的学生将会有工作背景，他们进入社会开始工作后为了找到更好的工作岗位而再次步入大学，这些学生就会拥有更清晰的学习目标。

为了让这些学生提高能力，成为社会需要的人才，全校教师都需要明确教育目的，追求真正的教育，从侧面去辅佐学生，帮助学生实现愿望。教师通过简单明了地讲解教科书中实用可行的内容，让学生在将来的职场上能够自行思考并解决问题。高校的课堂必须站在学生的立场上，必须与每个学生的能力相互匹配，同时又必须培养学生能够适应市场竞争的各种能力。

美国的教师比日本的教师训练有素，美国的教师不会让学生在课堂上只是听教师朗读课本，毫无教学技巧可言，让课堂索然寡味，相反，美国的教师都很专业。美国对于专家支付的薪酬很高，而日本讲究平等，不会特地为专家准备高薪，这是社会体制造成的，因此日本没法培养出高水平的专家，教师进修与不进修都一样，只按工龄提升薪水，因为再努力也只能拿同样的工资，所以努力也是徒劳。

东京福祉大学及其他机构立志改变日本传统的教学课堂，按照美国高校的方式授课，更确切地说，是按照我在哈佛大学研究过的教学方式来展开教学，让那些没考上大学的学生也能学会读写技巧，掌握切实的能力，从入学到毕业不断提升自己的学习能力，因此每年有许多学生报考东京福祉大学及其他机构。只要把课上好，学生的能力就会提升，就能变优秀，这样就会吸引更多的学生过来，而学生也会心甘情愿地缴纳学费。

为打磨优质课堂，教师需要学习的基本原则

台前授课的是教师，课上成什么样，把学生培养成什么样，都得看教师的本事。

因此我亲自培训东京福祉大学及其他机构的全体教师，让教师制作教学参考案例等资料，由我检查这些资料，并修改其中的逻辑结构。

美国教师把教学技巧理论化后总结成专业书，把如何培养学生从“学不会”变成“学得好”的方法整理成理论。日本虽然还没有相关的介绍，但美国的课堂教学研究已经成为一门出色的学问，连心理学的技巧也应用到了实际的课堂教学中。

我挑选了教师引导学生时必须掌握的原则介绍给大家。

首先，第一条原则。在学习动机这一方面，教师必须铭记的事项，那就是“教师要考虑万全的对策，让学生不害怕出错，不怕被人取笑”的原则。

学生在上课时最大的障碍就是畏惧心理，害怕自己犯错，害怕教师批评，更害怕同学嘲笑自己的愚蠢。有能力的教师在学生犯错的时候会设法不让他们受到惩罚，当畏惧心理得到消除时，学生就会精神振作起来，融入新的学习中去，能够充满勇气地参与课堂。

有能力的教师会对学生讲以下这些话。

①在课上犯错不是什么大不了的事情，犯错反而是件好事。

②犯错不是一件让人畏惧的事情。

③犯错是很好的经验，它意味着还有进步的余地。

④即使犯错也不必太在意，不用灰心丧气，也不必为自己找借口。

⑤犯错就是为了得到改正而存在的。

⑥从修改过的答案开始学习吧，这样就会感到幸福。

⑦请不要一直对所犯错误念念不忘。

其次，第二条原则。对自己、对其他学生，我都会这样忠告：不要因为同伴犯错，就当场大笑，拿来做笑柄。如果取笑别人，会让出错的同伴伤心，削弱他们想要努力学习的激情。相反，可以站起来说“我的回答是这样的”，把自己的想法说出来。

要让学生对学习产生兴趣就要制造良好的学习气氛。良好的学习气氛能避免学生陷入“不发言就不会惹火上身”的消极态度。

当学生无法理解教师的讲解时，教师不要认为学生没有学习能力，而要检讨自身的讲课方法是否存在问题。

当学生跟不上教师的讲解进度时，可以让学生分组讨论，这也是一种教学办法。分组的话，学生就不会去担心有犯错的危险，以积极的姿态思考、解决问题，同学之间的讨论可以让他们有机会在课堂展示之前相互指出错误，一一改正。教师和学生互换角色，可以从不同的角度来探讨问题，更加顺利地掌握问题的关键。这样的话，在让学生加快理解速度的同时，教师可以更方便地帮助他们纠正错误。

为培养学生学习动机，教师要在教学方法上下苦功

从培养学生学习动机的原则上来看，美国的教育旨在挖掘学生潜能，提高学生能力。在考试上也同样如此，日本的考试只考学生对知识的记忆能力，但美国的考试则是为了提高学生潜能而设置。比如采取写报告书的形式考试，学生提交报告书后，教授会指出不够理想的部分，让学生去修改，还会给学生推荐书籍以及学术理论方面的知识，让学生去阅读研究。当学生再次向教授提交修改版的报告书后，教授会命令学生进一步修改。如此反复几个回合地修改，改到教授满意为止。读书，读完后写作，一直重复训练这两项，阅读能力和写作能力都会有很大提高。

要培养学生的能力，适当采取强制措施逼迫学生学习也是有必要的，要是学生心里有“不管学不学反正都能毕业”这样的想法，那教育就彻底没戏了。

在美国，如果学生学习后没有达到规定的水平，就绝对不让学生学下一个内容。根据教学大纲（记载有详细的教学计划），学生须完成事先计划好的阅读、收集资料等学习任务，有任何一项没有完成就没法进入下一阶段的学习。在每一次课堂上，教师都必须让学生完成预定任务，让学生倾尽全力来提高学习能力，实现蜕变。

教师绝对不能让学生偷懒。日本的大学不管学生上课是睡觉还是讲悄悄话，只要学生过来报到，哪怕学生没做该做的事情也会放手让他们毕业。而在美国这种事情绝不允许。课堂

上，教师会让学生全身心投入，一直学到疲惫不堪，这才是优质的教学方法，在学生有了实力后，或者他们毕业之后，学生父母和学生本人会感激这样的教学方法。

我在美国研究生院攻读博士时，累得筋疲力尽，当时根本没有余地去感谢学校。但现在的我心怀感激，因为我的学习能力得到了提高。为了让学生将来怀有感恩之情，教师应该致力于开展真正对学生有用的课堂教学活动。

美国高校的学习方法和日本企业会议的共性

从上述观点来看东京福祉大学及其他机构的教师的话，可以看出他们虽然很优秀，但是在教学上还是存在很多不足，不能肯定地说他们的课堂真的让学生提高了学习能力。

有的教师在上课时对不听讲的学生不闻不问，没有让学生朗读参考案例，指出其重点内容。如果不让学生站起来发言的话，其他学生就不会好好去听。让学生站起来陈述自己的意见，或者让学生听取其他人的意见，都能提高能力。其他人的发言往往和自己想的不一样，因此一定要让学生听取别人的意见，并且说出和别人不同的想法。在别人作出“这是正确的”“这是错误的”之类的评论时，一边和别人讨论，一边打磨自己的意见，最后由充当“向导”角色、经验丰富的教师来阐述见解。仁者见仁，智者见智，听取他人的想法和观点是十分重要的。为了做到这一点，学生要站起来讲述自己的观点，让其他学生静静倾听。日本大学的一些课堂上，别人在发言的时候，其他人在下面自顾自地闲聊，根本不听别人的讲话，这正是因为教师没有好好地管理学生，这样的课堂谈何让学生掌握学习能力。

日本的大学有些地方很奇特，也很可笑。前面也讲过美国高校的教学模式和日本企业的会议一样。在日本企业会议上，大家会对那些急需解决、摆在眼前的问题展开讨论，并进行研究，然后制订最终解决方案。美国的大学和研究生院也是按照这种流程教学，有时学生提出的想法比教授的还要合理，这样学生的成果会在课堂中与同学分享。课堂上越是出现众多不同的意见，就越能产出精彩的研究成果。日本的大学和研究生院没有使用这样的教学法，当教授的观点出现错误时，有必要提出反对意见，而且要明确讲出反对的理论根据，美国的学生采取的这种学习方法和日本企业项目小组的工作方式相同。

东京福祉大学及其他机构让学生用 4 年在读时间，实施和美国高校一样的教育方法，专心致志地把学生培养成学习能力强、有上进心的优秀人才。

东京福祉大学及其他机构的教师会努力指导在校的学生，让学生变得聪慧有用。

培养聪慧的学生要用这样的授课技巧

如何培养学生的聪明才智？接下来讲述一下东京福祉大学及其他机构的几个授课案例。因为不可能介绍所有课程的案例，所以挑选我们结合参考案例的考前对策课和论文写作指导课进行介绍。

这两个科目浓缩了东京福祉大学及其他机构的精髓，我校的其他科目也按照同样的方式展开。以下内容涉及的资料请参考第三章。

首先介绍结合参考案例的考前对策课。

该科目的目的是让学生在考试答题时写出适当的答案。教师要事先准备好参考案例，在让学生对参考案例完全理解的基础上，自行思考归纳成文。

教师要准备好学习参考案例，分发给学生，然后让学生朗读案例。教师点名叫学生分段往下阅读，然后让学生找出重点内容。学生讲完后让其他学生拍手鼓励，赞赏他付出的努力。当学生发现自己表达完意见后马上能够得到别人的认可，就会受到鼓舞，更活跃地参与课堂。

教师让其他学生在自己认为重要的内容处画线，如果有学生和之前发言的学生说的重点不一样，就让这位学生表述自己认为重要的内容。在听完其他学生的意见后，教师让几位阐述过重要内容的学生去反思和理解课上提出的不同想法。

这个过程反复进行，直到参考案例都讲完为止。这么一来，画线部分即重点内容，教学参考案例的学习也就完成了。接下来教师让学生把画线的内容系统地、有条理地整理成一篇能够用于解答问题的文章，学生各自总结自己的想法，字数为800字到1000字，差不多是教学参考案例的三分之一到二分之一的文字量。

上述过程中，学生阅读参考案例，找出重点内容，然后用找出的重点内容系统且有条理地思考、解答问题，最后写出通俗易懂的文章。这一过程是一个包含了阅读、思考、写作的综合学习过程。

论文写作指导的形式基本和考前对策指导一样，但还有两点不同，一是发给学生学习的参考案例比考前对策指导的数量更多，二是让学生分小组进行课堂讨论。

教师在课上首先让点到名的学生站起来，按意思分段指定内容让学生朗读，再让学生掌握重点内容，并画线，最后做总结。这个过程与考前对策指导几乎完全一样，但有一点略微不同，那就是总结阶段由小组进行讨论，这样可以让学生不拘泥于自己的意见，听取他人的想法，把别人的意见和精彩的观点吸取到自己的想法中，再进行总结。这时，为了让学生可以从不同的角度去看待问题，教师给每个小组分发一份不同的参考资料，让学生从资料提示的角度来考虑问题。切记这时不能一下子把过多、过难的参考资料交给学生，因为这样做只能让学生陷入混乱，不知所措。

学生小组讨论结束后，让学生反思讨论结果，参考和自己持不同见解的资料，根据考试规定的课题总结出答案，并写在8张400字的稿纸上。

这时，学生就会明白只要将学习的参考案例中画线部分巧妙地统合起来，就能成为一个具有独创性的解答。总而言之，只要遵循上述方法切实地反复操练，学生的读写能力、学习能力就会有惊人的提升。

我倡导的教育指导法是如何让学生取得成功的

前面介绍了结合教学参考案例的考前对策课和论文写作指

导课上使用的教学方法。在此再介绍一下实际听课学生的反响，倾听学生的心声，更明确地了解我们的教学成果。

以下是1996年毕业的社会学院社会福祉本科函授课程第一期的两位学生——山本佑子和臼井响对我的课堂教学和指导方法所表达的感想。我没有对他们坦率的想法做任何修改。在阅读学生这份感想时请留意这是学生对校长教育指导法的评价。

山本：总长讲课重点突出，简单易懂，我觉得对我很有帮助。优点当然不止这些。课堂上的时间分配也非常好，他教导我们在这一段时间阅读教学参考案例，在那一段时间考虑问题本质，哪个时间段该干什么都说得明明白白，因此我们注意力比较容易集中。因为教师的授课目的明确，所以我们容易跟得上讲课的节奏。

我尤其想说一说结合教学参考案例的考前对策课，因为理解了考试的诀窍，明白了掌握这些重点就有机会顺利通过考试，所以我们学习也就有了劲头。另外，由于校长准备的这些教学参考案例简洁明了、容易理解，所以学生都知道，只要将这些重点内容串联起来就能总结出问题的答案。

臼井：总长常说，教师是帮助学生思考的助手，即教师在一旁引导并提示学生思考问题，由学生自己找出重点内容。

山本：为了让我们找到重点内容，总长给了我们充足的时间去思考和讨论。他会给我们一个主题，规定好思考的时间，然后让我们发言，感觉这样的上课形式特别好。

臼井：在学生发表完意见后，总长会随即评价“这个想法很不错”“这一点再下一点功夫就更好了”，而且也会给出合适的建议，那样一来，学生就会受到很大的鼓舞。

山本：总长的评价及时中肯，我们很快就能知道自己的理解有没有偏离主题，可以放下心来，也会受到鼓舞，在课上对自己更有信心。

臼井：我感觉总长的课直奔主题，一直在走捷径，没有一点拐弯抹角和含蓄不清的东西。这可能是因为总长的课时数不多的原因吧。其他教师的课要连续上好长一段时间，因此上课内容有时候会偏离轨道，或放慢速度，而总长的课给人的感觉一开始就加速跑，一直跑到下课。

山本：是这样没错，但是课上让学生思考的时间还是会留给学生的。

臼井：是的，但这样也会让人觉得整堂课没有一点时间是可以浪费的。我个人比较喜欢松弛的课堂，如果总长的课要一直上下去的话，我希望能偶尔停下来跟学生闲聊一下。表面看似和主题无关的话，如果总长能稍微闲聊一下，作为学生有时也会觉得受益匪浅。而且课上一直快速动脑筋也是一件很累的事情，闲聊可以成为一种短暂的休息。如果每周在课上都要马不停蹄地往前跑的话，学生就会感觉很疲惫，途中需要有个小小的停顿，这样就可补充体力，能坚持上好几个月的课。总长要是上几个月的课的话，课上说不定也会插入一些轻松话题进来。总长肯定没有考虑到这一点。

山本：总长给我们上的课都是考试对策课和论文写作指导课两门课，目的非常明确，再加上时间也很紧迫，因此只能采用你说的那种授课形式了。其他教师给我们上的课分上学期和下学期，时间跨度长，不单单针对考试，还要充实我们的教养，总之我觉得上课的目的不同，形式也不同，这也是情理之中的事情。

臼井：总长还指导了我的毕业论文，他的指导方法也是直奔主题。

总长严格而有效地教会了我论文的基本写法，从什么是论文开始教起。

我的论文题目是《残障人士的休养——轮椅和娱乐》。

总长是在去年 10 月初才开始指导我们的论文。去年 4 月到 9 月这段时期是由其他教师指导的，说得也特别笼统，不知从何着手，感觉时间一点点地过去，但是什么事都没做成。

总长指导的时候，首先跟我厘清了论文的主旨和假设，也就是教我应该怎样推理，让我把那些细枝末节的琐碎内容都清理掉，把论文的骨架用目录的方式表达出来。

论文目录搭建好后，再收集资料，总长教我收集资料的方法也很独特。总长让我首先把书翻开，翻到登载着有关残障人士的基本参考书目的页面，让我把符合目录内容的相关文献都挑选、罗列出来，整理好这些文献后，让我马上去收集资料。

资料收集完后，接着让我在书本里去寻找能证明自己假设的内容，也就是对论文的论证有用的部分，一本本的书检查之后再单独挑选出来。要读完整本书很费时间，因此让我先翻目录，从目录中找出与论文相关的内容，再从这些内容中找出可以引用的部分并用线画出，最后再一一复印下来，我的参考资料就这样积累起来了。

在所有的资料都收集齐全后，我按照自己的假设排列内容，总长说尽管一开始是从书中抽取出来的内容，但是在构思论文的过程中，最终能够转换成富有独创性的论文。

一开始，虽然我觉得即使能从资料中找出重点，也很难把它们按自己的想法重新组合，但是经过 4 年反复阅读、抓重点的训练后，我感到我总结文章的能力提高到了令人难以置信的水平。最后没怎么费劲就总结出一篇有头有尾、条理清楚的论文了。

在总长的指导之下，我花了 2 个月时间完成了毕业论文，和之前的指导教师比起来效率高多了。

我通篇浏览写好的论文，感到自己既把想表达的内容都写上了，而且还有独创性。当初在挑选、抽取参考资料的时候心里就一直想，要是能有自己独创的地方就好了，因此我对论文感到很满意。我的论文在审查中被评为合格。

山本：我也觉得我写论文并没有特别痛苦。虽然我听别人说进大学后写论述题非常麻烦，但是因为我本身就比较喜欢看书，所以感觉写文章也不是一件很辛苦的事情，而且我研究的都是自己感兴趣的问题，没有觉得自己很辛苦。

刚进大一的时候，只是一心想着要填满稿纸，但写了很多次之后，就渐渐能明白题目的要求是什么，能够不跑题了。在把总结的内容铺陈开来的过程中，我发现要展开论述，就要先把想表达的内容一段段地分开，明白了在论述的过程中要把论点分好先后顺序，首先要提到这个和那个论点，在此基础上再展开下面的论点，总之，我弄懂了展开论述的方法。

我一开始没有考虑这些流程就动笔，但是后来渐渐掌握了构建论文的诀窍后，就能看清论文的整体构造了，我们在写3000多字8张稿纸的报告书时，我就会很清楚地构思出在第1张稿纸上写什么内容，在接下来的第2、第3张稿纸上写什么内容。也就是说，我在反复练习后自然而然地就明白了，要说服读者就得在论点展开上施展技巧。

正是通过平时上课的积累，我才有了这样归纳总结的能力。30页（约12000字）以上的毕业论文也是这么写出来的，一开始是这样写，从这儿到那儿写什么内容，构思完后就像搭积木一样一点点地完成了整篇论文。

写了一点内容后，根本没有精力去思考已经写完的这一部分是否正确，于是我就查阅其他的参考资料来证实自己的假设是否正确。而且在论述一个全新的观点时，我也弄明白可以通过把相关论点结合到一起的办法，就能证明自己的论点是正确的，而且还可以把这个结合起来的论点作为一个崭新的论点提出。

臼井：我写论文时首先把目录给整理好，就像给房子搭骨架一样先把论文的框架建好。我就是这样做的，采用的是那种从上而下的循序渐进的方式，分阶段逐步来确认自己的假设，这种方法很灵活，也很有魅力，因为在论述的过程中可能会出现和最初假设的论点不同的结论。

从结果上来说，虽然我们的论文都达到了学校的要求，但我的是“直行快速球”，其他人的是“旋转变向球”。

我觉得在这4年里我扎扎实实地掌握了做学问的真本领。

山本：我也这么觉得。

东京福祉大学及其他机构的教师如何指导学生

我观摩了一部分教师的课，把我认为存在的问题罗列如下。

①没有让学生从前排开始就座，因为学生坐到后排就很容易睡觉。

②没有让男女生混坐。关系好的男生、女生坐一起容易开小差闲聊。让彼此不太熟的男女生坐一起的话，一方面可以让他们在上课时有紧张感，另一方面能让他们说出不同的想法，让讨论变得更加精彩。

③在让学生朗读教学参考案例和其他学习参考资料时，有的教师没有要求学生站起来朗读。

④有的教师在学生读错时没有指出错误所在，没有给学生好好纠正。

⑤教师只顾着自己讲得起劲，却忽视了学生的意见。

不让学生自己说明，不让学生上黑板书写的话，就不会促进学生的思考。让学生朗读，考虑哪里是重点，然后把自己的想法讲出来，这个训练过程很重要。学生发言时，其他的学生不能讲闲话，必须安静聆听。

有的教师还是沿袭了日本传统的自上而下的单向上课方式。

⑥教学参考案例要写得更加通俗易懂、更加细腻精致。让

学生认真阅读案例，把重点找出后发言，让其他学生也都能理解要点，最后再让学生总结。

要避免使用只有教师才懂的隐晦难懂的专业术语，如果制作的参考案例超过了学生的水平，那就不会对学生起到什么作用。

如果教学参考案例不充分考虑上述问题，那这个课就不能称得上一节优质课，如用一句话解释的话，那就是这样的课无法提高学生的学习能力，无法达到课堂本应达到的目的。在课堂上让学生用功学习，学到挥洒热汗，这是教师的职责。然而，学生还没开始用功时，就让充满生僻术语的资料给难倒，吓得直冒冷汗，这样的课上了也等于白上。学生无法理解，上课没有劲头，一切都无从谈起。

切不可忘记授课的目的是让学生提高学习能力，所有的课前准备和课堂进展都应该基于这个目的进行。

列举的这些东京福祉大学及其他机构的部分教师的缺点，归结到底是教师自身的教育能力不能过低，即教师必须实施新的教学方法。

不过我校的新教育法实际也开始萌芽了。为了让教学内容更为通俗易懂，更有效地提高学生的学习能力，我校全体教员都须参加教学方法的研修。以下是某位教师在观摩我的课堂教学之后写的一篇报告，里面记录了该专任教师的感想。因为这位教师在听课时受到了刺激，所以才会在今后去做改变，把课上得更好。

课后感受资料——中岛校长公开课听后感

我十分荣幸地受邀旁听了中岛校长讲授的“社会福祉原论”一课。校长的课迄今为止我已听过数次，每次我都会钦佩校长的用词之简明，校长会用通俗易懂的语言推动课堂进度。课上讲的是基本人权、日本宪法和社会福祉制度之间的关联，本来我完全不懂这些，但是听了校长的讲课后，我知道了其中的要点。

在此之前，相关的书籍我看过几遍，而且也曾多次在书上画过重点，我在上大学时也听过相关的课，但是，我的头脑里对那些知识就是毫无印象。而仅仅听了校长上的一节课，我就学习到了这门课的真谛，虽然校长没有用过多词藻，只用了三言两语就把重点解释清楚了。不知道怎么回事，感觉校长的讲话条理清楚，不知不觉中我就把重点记住了。

每次上中岛校长的课，我都会反省自己课上的问题，非重点的话偏多、没有条理。为了让学生加深理解，总是去重复要点，结果反而把要点给弄模糊了。而且，自己对知识的理解不够深刻，只是在照本宣科地讲解讲义而已。

我想中岛校长讲课讲得有道理，关键就在于他的勤奋学习和认真备课。前些天，我在帮忙整理大四学生的毕业论文时，发现中岛校长阅读十几页的论文所用时间很短，而且对于重点内容抓取的准确度也让我震惊。我虽然对自己的阅读速度很有自信，但是我深刻反思自己只是用眼睛快速浏览，其实把握内容的正确性和适当性才是重要的。

如果只是反思自己，也不会得到进步。听中岛校长怎么上课，看他怎么批改学生的论文后，我要向他看齐，虽然现在还达不到理想的状态，有点焦虑，但是我会继续努力的。

在中岛校长的公开课上，我还感受到了校长的领袖气质。我最想成为的教师是，整整一节课的时间都能把全部学生的视线集中到自己身上，这种教师就具有领袖气质。对于学生而言，这位教师的姿态举动一眼望去就能够让自己充满信心，可以放心、安心地跟随他的节奏，想去听他讲课。但是要做到这点，教师必须拥有对学问不可动摇的自信才行，这和偶像崇拜是不同的。

如果教师自身没有丰富的知识储备，没有从容应对、游刃有余的魄力就无法拥有领袖气质。为了写板书，刚一背过身，学生就不再专心，放松了紧张情绪，这样也是不能称为理想教师的。中岛校长在上课的时候，哪怕他最后离开教室的那一刻，那种紧张的气氛仍然存在，学生都专心致志地完成布置下来的任务，连一个讲悄悄话的人都没有。

中岛校长领袖气质的根源就在于，他丰富的知识储备、教育学博士学位的学识以及他满怀希望让学生进步的爱，学生也显然感受到了这份爱。每次上课我都深深地反思，我的课能让学生感受到爱吗?

我在哈佛大学教育学研究生院做访问学者时领悟出的高效教学方法

在哈佛大学教育学研究生院我做了一年访问学者，研究出一套能够提高学生能力的有效教学方法，运用这套教学方法就能“把学不好的孩子变成学得好的孩子”。

为了加强教学效果，就必须改善教师的授课内容设计和授课方式，挑选一些让学生容易理解的、有用的教科书和参考资料，致力于改善教学方法。每学期开始前教师都要在本学期的教学大纲上设定每门科目的目标，明确地写清楚学习该科目，应达到怎样的知识水平、技能和学术能力，在学期开始时就向学生说明教学目标。教师有义务适当合理地设定需要在各个科目提升的知识目标、技能目标、参考文献、考试方法、课程进度、教科书等，并向学生展示这些内容。此外为了提高教师的教学能力，要重视教师发展工作，让全体教师都能努力学习，把课教得更好，教学更有效果。

教师发展工作是教师改善上课内容的设计方法、教科书和参考书的选择方法，也是提高学生能力组织活动的总称。教师发展工作涵盖的内容极其广泛，比如教师之间实施相互听课，研究上课方法、研究提高学生学习积极性的有效考试方法；召开研究会，讨论论文指导方法；为新任教师召开如何开展有效课堂管理的研修会等。拓展学生的能力，很大程度上取决于教师的能力。如果教师的教授方法没有改进，或者没有挑选易于学生理解的教科书、参考书等资料，学生的能力就不会得到提高。

我们经常可以看到日本大学的传统授课方法是教师站在学生面前，自上而下地、单向地且热心地解说教科书和资料，并且课上只是在解说深奥的专业用语和理论。这样的课堂，教师不管学生是否理解，只会一味盲目地讲授课程，学生对那些难懂的专业术语不知所云，觉得上课很无聊，然后开始打瞌睡、讲悄悄话，做一些与上课无关的事情，这样的上课方法几乎没有教学效果。此外，即使是在课上指定某本教科书或参考资料的内容，让学生站着朗读或者小组讨论，如果学生手上拿的资料都是些充满意义不明、晦涩难懂的专业术语的教科书或是没有经过精挑细选的参考材料的话，学生连里边的字都看不懂，更别谈理解其中的意思、抓什么重点。

教师要事先整理通俗易懂的资料，课前让其他教师阅读、判断是否真的能让学生理解，根据其他教师的意见再修改资料，整理成真正容易读懂的资料后再发给学生。在课上让学生熟读这些精心准备的教科书、参考书、学习资料，然后展开讨论，找出资料的重点和问题所在，在讨论的基础上，总结自己对重点内容的想法并写成文章。随后学生相互批阅文章，交流意见，以便把文章修改得更好。教师也要立即批改学生提交的作业，附上评语，第二天再把带有评语的作业发还学生，让学生再一次修改。如此重复学习，学生就能掌握真正的阅读理解能力、分析能力、课题探索能力、文章写作能力和创造能力。如果教师只是在课堂上解说难度高的教科书和资料，或只是单向地解说专业术语、学术用语的话，根本不可能拓展学生的能力，也无法达到高质量的教学效果。

增强教学效果需要基本的应对措施

为了实现高质量的教学效果，教师必须掌握最基本的应对措施。

①课上必须让所有学生都切断手机电源，禁止学生悄悄走到走廊上通话。课堂的主角是学生，因此学生必须待在教室里。教师有必要在授课方法上下功夫，要思考怎样才能在课上简明扼要地介绍学生感兴趣的学习内容，怎样才能清楚地说明教科书和参考书的使用方法，怎样去回答学生想知道的问题。

②安排男女生混坐，因为学生基本都喜欢挨着关系好的同性坐。好朋友挨着坐容易造成学生之间交头接耳，相反，要是与异性或有年龄差距、不同经历、不同价值观的人坐在一起讨论，就会使参加讨论的人不拘泥于一种想法，拥有广泛灵活的思考能力。这时学生就有理解并反驳不同意见的机会，产生碰撞，摒弃自己陈旧的思想，开阔眼界。用这种方式安排座位会让学生感到紧张，有助于增强教学效果。

③教师走进教室后的首要工作是让学生从前往后入座。

如果后排学生隔空分散就座，教师就不能顾及所有学生，不能边看学生边确认学生是否在动脑筋。为了确认教室里所有学生是否理解课程内容，要尽可能地缩短教师和学生之间的物理距离，保持和学生共同学习的状态。

④绝不能对打瞌睡、说悄悄话，不好好上课的学生置之不理。

教师上课如果只是对坐在前排、能理解内容的学生来展开的话，就会让坐在后排的大多数学生不理解课程而掉队。教师要把目标锁定在那些坐在后排、没有干劲、被大家认为是学不会的学生身上，让他们说出自己的想法，一次次地修改他们的报告书，让他们不断地提交上来，再去评价这些学生的能力提高了多少。用这样的方法对待这些学生，按照他们在大家面前发言的次数、发言的内容、报告书的提交和修改的次数来计算成绩。教师要重视让学生成为课堂的中心，让学生踊跃发言、参与课堂。让学生认识到认真听课、参与学习和自己的利益息息相关，从而激励他们奋发图强，这也是教师的重要任务。

只有教师一个人自上而下、从头到尾喋喋不休地讲课，虽然表面看来是位“热心”教师，但这种方法总的来说存在以下两大缺点。

第一，学生容易感到无聊。除非是相当热心于学习且有忍耐力的学生，否则要在教师单向授课的过程中持续 90 分钟集中精神听课是很难的，前述的那种有很多晦涩术语的课堂更是如此。

第二，即使学生真的很用心地听教师讲课，教师也不可能知道学生是否真正理解了自己所讲的内容。教和学如果只是知识传递的话，那么不去把握每个学生的理解程度，只是一味继续展开课程，这是非常危险的。在课堂上，教师只是一味地自己讲而不顾学生的话，根本不可能知道学生是不是真的理解了，最终教师只是感觉学生可能已经明白了而已。因此，教师至少要在课上采取以下具体教学方法。

①教师不仅要站在黑板前，还要缓步行走于学生的座位之间，以对话的方式大声地向学生提问。如果只站在黑板前，就不能了解学生的状态。如果站在学生中间，坐在后排的学生也会感到紧张，易于把所有学生的注意力集中在教师身上。

②不要只看点名册，而要记住学生的长相，特别是课上没有什么反应的学生，要促使他们朗读、发言，总之要创造机会让他们站起来说话，积极参与课堂。一种是在课上做旁观者，只是听别人发言的学生，另一种是意识到自己也必须发言，或者接下来可能要发言的学生，这两种学生的学习效果截然不同。

③学生发言时要站立。如果让学生坐着发言的话，周围的学生就很难去关注发言的内容，不能产生紧张感。如果是在大教室，和学生对话的时候只有教师拿话筒是不可取的，要让学生也拿着话筒说话，保证让全班学生都能听到讲话内容。如果不给发言的学生话筒，那么他的声音只有教师和身边的人才能听到，这样其他学生就会不知道他在说什么，容易分散注意力。

④教师尽量不要在黑板上写字。因为教师在用尽全力板书的时候，学生容易松懈下来做其他事。如果需要板书的话，就让学生去写，这可以帮助学生确认自己理解了多少内容。

让学生知道，学习的主体最终是学生自己。为了做到这一点，教师必须认识到，在课上自始至终用难懂的专业术语来单向地传达知识是不可取的。100—300 人的大课，可以把一个班级分成几个小组，采用小组讨论的形式让每个学生都能参与课堂。在讨论的过程中，让小组讨论的学生代替教师的角色探究主题，引导学生说出各种各样的意见和想法。这样一来，在大教室展开的课堂也能像小班制那样让全体学生都参与进来，而教师也可以根据各个学生的水平提高他们的学习能力。教师在以学生为主体的课程中，充分解答每个学生的提问，不断向学生提供简单、符合学生水平、一读就懂的学习资料。

使用强制手法让学生学习也是一种有效的教学方法，所谓强制是把学生拉到课堂里，让他们成为学习的主体，参与学习，接受训练。这样也可以使学生掌握基本学习能力，学习更广博的知识。

所谓“强制”一词只是从学生参加训练的角度而言，教师不能强行让学生认为只有一种想法是正确的，答案往往不止一个，学术观点也是多种多样的，教师不能把某个学说或者自己的想法强加给学生。

对学生负责的课堂管理以及授课方法

把基本应对方法作为前提，为了对学生负起责任，教师又必须考虑实施以下的授课方法。

①教科书与资料的选择。教师让学生预习和复习教科书时，要选择一些学生一读就懂的资料。在课上要给予学生足够的时间让他们默读，但是必须掌握资料的内容，让他们找到重点内容并画线。在考虑实施以上操作时，要选择任何学生都能读懂的教科书和参考书。

我们的基本目标是让学生抓住文章要点并用自己的想法总结、整理，再修改要点，让学生掌握基本学习能力。死记硬背的知识点很容易忘记，但只要掌握逻辑思考能力，用到所学知识时就会召之即来。为做到这点，选择学生容易理解的教科书和参考书是重中之重。

②学生的朗读。在教室里让学生站在其他人面前朗读教科书、参考书等资料。这是为了让全班学生一起确认学习内容，而且学生觉得自己随时有可能被叫到，会在课上感到紧张，这样的话学生就没有多余精力去和同桌闲聊或看漫画。教师不紧不慢地上课，时不时确认讲到哪一页的哪一行，挑选难度和长度适当的内容让学生朗读，不让学生觉得困乏。对于学生读错或者不会读的文字，教师应立刻让学生知道其正确的读音，这时先让其他学生指正，然后教师再把正确的念法简单易懂地讲解给学生听。此外，对于发言的学生，教师每次都要用语言表扬，用鼓掌的方式表示鼓励。

③学生快速指出资料中的重点内容。这是很重要的一点，即使上课进度变慢，也要让学生切实理解上课内容。让学生站起来发言、朗读、板书，这些动作都需要学生开动脑筋完成，从学生的言行举止就可以清楚地知道他们是否真的理解了课程内容。教师要专门让那些看起来毫不在意、坐在后排、显然没有集中精力上课的学生朗读课文，并阐述意见。课堂上学得好的学生、学不好的学生、没有干劲的学生，让他们全都参与课程，一步步地让他们成长。在课上教师不要重复做相同的事情，始终要让学生来做，让学生自己确认并自行理解资料中的要点。

④教师要表扬、鼓励朗读和发言的学生。很多时候学生对自己发言缺乏自信，教师要找出学生说得好的地方给予表扬，

让学生建立自信心，提高学习的积极性。教师不要否定学生的任何一种想法，即使和教师的想法不同，很多时候内容也是不错的。

⑤教师不要使用难懂的语言或者专业术语，要使用常见、易懂的语言来讲解。教师挑选教科书和参考书时，要选择在课上不需要解说太多，学生也能读懂的。

在课上学生找到重点后，教师进行解说，这时，要使用其他学生都能听懂的简单语言进行表述。学问是一种文化，有必要去传播发扬，因此清楚、简单易懂的表述方式不可欠缺。

⑥教师强调重点，并督促学生画出重点、做好笔记。

⑦教师在评定成绩时要重点看学生的努力程度和主体性，按照严格的标准评定。只有学生完成全部课程后才能评定成绩，凡是缺勤的学生都要扣分，这个规定应该提前在大纲上写明。在课上发言的学生，特别是那些表达了自己想法的学生，发言次数越多得分越高。

有关课程建设、科目学习、学分认定的制度也需要改革，教师为了提高教学质量，充实教学内容，要自觉承担作为教育者的责任，实践上述有效的授课方法，不断努力提高自己的教学能力，激发学生的学习意愿，负起管理课堂的责任，严格评定学生成绩。

增强教学效果、改善教学内容的重点在于课程评价

为了提高教学质量，教师需要通过自我检查、自我评价、学生评价等各种手段，动员学校全体师生，接连不断地组织教

学活动，评价各位教师的课堂教学，提高教学水平。为帮助教师充实教学内容，要重在评价教师如何在教室里展开课堂教学，如何指导学生在课前为课堂学习做准备，如何实施成绩评定。此外，关于教学效果，教师要听取毕业生工作单位的外部意见和需求，在此基础上进一步改善和充实教学，这样才能让教学富有实效。

为保证课程设计到位，教师教学尽职，应该公示成绩评定标准，这样的成绩评定才能得以严格实施。为了让教学方法的改革能体现该科目的学习意义，让学生提高学习意愿，除了进一步促进教师发展工作，还需要教师对自己课上的教学效果作出自我评价，或者通过学生对自己授课方法的评价，或者通过外部有识之士对自己的建议来增强自己的教学效果，更好地改善教学内容。

此外，在评价课程的时候，重点要从两方面同时入手，一是对学校组织的教育活动的评价，二是对各位教师的课堂的评价。

评价项目具体如下。

①教学大纲上是否明示上课方法，确定课内学习和课外预习与复习所需时间、有关课外学习的具体指示等内容。

②教学大纲上是否公示了成绩评定标准。

③成绩评定是否过于简单，是否轻易让学生拿到学分。

④教师是否对每个学生都做了课程学习的指导。关于上述评价项目，大学的各部门及各位教师要公布相关情况，作自我评价，并且要让学生参与评价。

我校为了给学生提供充满刺激、富有魅力的课程，针对以下具体细节，让学生对教师进行课程评价。

关于教师的课堂进度。

①上课进度合理，根据学生的理解程度及时调整进度。

②讲课、讨论、发表意见时，切实地强调这一科目和其问题解答要点（也让学生自行寻找、理解要点）。

③尽量避免使用难以理解的专业术语，用通俗易懂的语言进行说明。还要注意声音足够响亮。

④明确指出有利于学生预习和复习的学习方法。

⑤正确记录每次课堂的出席和缺席情况。

⑥严守上下课时间。

⑦向昏昏欲睡或者想要说悄悄话的学生提问，指定课本内容，让学生站起来朗读。课上严禁饮食。

关于教师的授课内容。

①做好充分的准备，对备课尽心尽力。

②适当回应学生的感受和要求，实时把控学生对课堂学习内容的理解程度。

③对本科目的学术领域知识掌握牢固，使用的例子意思明确，能说明问题。

④创造一种允许自由交流的课堂气氛，学生可以提问，可以表达与教师相反的意见，也可以向教师提出自己的见解。教师要经常在大家面前表扬努力学习的学生。

⑤课堂以学生为主体，学生总是能积极参与课堂，教师要选择通俗易懂的课本，采用希腊哲学家苏格拉底的对话方式，学生起身朗读课本，师生相互讨论，教师亲切温和地回应学生

的问题。

⑥利用课外时间（比如课外办公时间），给学生做辅导、提建议，这对学生非常有用。

⑦在布置写课程报告书和作业时要提供详细而充分的说明。

⑧快速批改学生的试卷、报告书、作业，附上评语，提出有建设性的意见后及时返还学生。

关于教材。

①选择教科书时，不要选择罗列专业术语、晦涩难懂的教科书，而要选择通俗易懂的、适合学生水平的教科书。

②参考书也要指定容易阅读、合适的书目，而且内容要充足。

③给学生发资料、在课上使用视听教材（投影仪、录像等）能提高教学效果。

此外，在评价教师的教学活动时，还要看教学内容是否适合大学本科教育，这样有助于完善和充实课程教学。

对于素质教育而言，要从理念和目标出发，即“培养具有拓宽知识层面，能从不同角度看待事物的能力，能自主独立、综合系统地思考问题，并具有透彻把握、准确判断内外形势的能力，具有丰富的人格，能够将掌握的知识和自己的人生与社会需求相连，在社会中准确定位的人才”，评价素质教育时，要看科目建设和教学活动是否充分考虑到了素质教育的理念和目标。对于专业教育而言，也要综合评价是否实施了充分的素质教育，因为要培养具有专业技能，可以开拓新领域，能在社会中真正有发展潜力的人才，不仅需要细化专业知识，还要充分考虑实施能让学生拥有广泛视野的素质教育。

基于贝斯提克七大原则的教育

美国学者贝斯提克在研究人类基本欲求的基础上，总结出七大原则。由人类的欲求凝合成的这七大原则也可以说是人际关系的原则，可以视为学生理想中的教师，或者学生理想中的教育。

贝斯提克的七大原则，我认为应该是教师在教育中应该牢记的教育原则。

我在学生面前，经常把贝斯提克七大原则放在心中作为自己指导学生的基本原则。为了让学生学习得更好，关键在于教师如何接纳学生，如何妥善对待学生。教师如何对待学生在贝斯提克的七大原则中被充分地表现了出来，这七大原则也可以说正是东京福祉大学的教育之根本。

接下来讲一下经过适当调整后的贝斯提克七大原则。

一、个别化原则

每个学生都拥有不同的人格，都要得到认识和尊重。每个学生的学习能力不同，每个人都各有所长也各有所短，但他们基本上都有学习意愿。因此必须掌握每个学生的想法、成长的经历，以此为基础，用对话的方式直接和学生交流，向他们提出问题，刺激他们的学习热情，促使他们一起参与课堂，让学生意识到自己和老师在一起营造课堂氛围。

二、自主决定原则

学生自己的出路、论文内容的选择和决定应该交给学生本人。学生有独立决定的能力，能根据自己的意愿自主行动。因此，教师的作用是协助学生作出自我判断和抉择，采用各种方法为学生提供有利于判断的材料。

三、接纳原则

无条件地、完全地接纳学生的个性。

人是多面性的，有优点也有缺点；有时态度亲切，有时态度恶劣；有时情绪积极，有时情绪消极；有时会采取建设性的态度和行为，有时也会采取破坏性的态度和行为。所谓的接纳，就是要接受学生拥有的所有真实的个性。当学生认识到教师承认并接纳了自己真实个性的时候，他们就会打开封闭的心扉，开始自由地向教师表达自己的想法。但在此之前，他们会多次试探教师，看教师是否真的会接纳自己。

四、非批判态度原则

教师是理解学生的知音，不是按照规则或道德去批判学生的评判员。

虽说如此，但教师也不能任由学生随心所欲，教师要客观地评价、判断学生的行为，可是对学生的个性和人格就不应该去加以评判。当学生出现缺勤、迟到、讲悄悄话、不按时提交报告书等问题时，针对这些事实，教师要找出原因，然后激发学生的自我改善能力，让他们做好自己该做的事。

五、保密原则

学生因为信任教师，才向教师袒露个人隐私之类的信息，所以教师不能泄露给第三者。

教师在指导学生时，会出现需要和其他教师共享学生个人信息的情况。但是，在这种情况下，教师需要充分考虑与其他教师共同协作的工作范围、共享信息的程度和限制，如果需要与其他教师交流学生信息，要事先征得学生的同意。

六、内在情绪介入原则

教师必须理解学生言行后隐藏的真正情感，产生和学生共同的感受，并作出适当的回应，认同学生的心理活动。

因为学生有很多问题都和情绪密切关联，所以如果教师能够让学生释放这些情绪，作出适当的回应，就可以使学生控制过激情绪的产生。

七、促使感情表达原则

教师在指导学生时应该让学生自由表达感情，有意识地引导学生说出没有外露的感情，站在学生立场与学生产生共鸣，从而更加深入地理解学生，让学生鼓起勇气面对自己的问题。

面对这样宽容、知己的教师，学生可能会把压抑在内心的感情表达出来，从而能够更加客观地了解自己。

〈资料 7〉

东京福祉大学总长特别讲座（“国家考试对策”系列讲座）
参加教师的报告（一）

参加中岛恒雄总长主讲的大四学生“国家考试对策”的感想

东京福祉大学副教授　社会学硕士　长谷川行雄

2006 年 9 月 27 日

中岛恒雄总长主讲的大四学生“国家考试对策”，我参加了9月8日（周五）的第二节课“社会福祉原论”，9月15日（周五）的第四节课“公共扶助论”，听讲感想略表如下。

一开始得知这个讲座，我非常惊讶，因为讲座居然由我校总长亲自站在讲台上向学生讲授考试对策。从小学到研究生毕业，我从来没有遇到过哪个学校的校长或者总长会自己站在讲台上讲课。然而我校总长却以身作则，亲自指导学生。在日本的大学里，除非有特殊情况，否则繁忙的校长或总长是不会亲自出马指导学生的。我在吃惊之余，对总长引领教师团队亲自挂帅授课的行为备受鼓舞。

“国家考试对策”讲座一开始，中岛总长就首先明确地指出了备考学习的方法。对于单项选择题，不要去查阅高难度的参考书，只要把答案背下来就行。听完这个诀窍，我不禁感到丝丝不安，心想难道自己过去准备国家考试时用的方法是错的吗？总长多次说到“只要把单项选择题的答案背下来就会及格”，明确地讲述了备考方法。我想如果我在备考中要是用了中岛总长这一指导方针的话，就会拥有自信，而且不必那么费劲了，我一边这样想着一边用惊讶的眼光注视着总长。

更让我吃惊的是“重点因人而异”这一诀窍。中岛总长让学生朗读每门科目的关键内容，并让学生指出要点再画线加以理解。总长指导学生“重点因人而异，要在自己认为重要的地方画线，好好地背下来”。

在我学生时代的课堂上，重点都是由教师指出，即使学生觉得不是重点的地方，教师也会教导我们说这儿是重点。因此那时我感到不服气，觉得自己的想法和老师的格格不入，最后究竟什么是重点都记不下来。然而中岛总长的教导却让人信服，对于“重点因人而异，要在自己认为重要的地方画线，好好地背下来”这一指导方法我感同身受。按照总长的指导方法学习的话，学生就能顺顺当当地记住要点，也不会产生不服气的想法。

在今后的“国家考试对策”的讲课中，我会采纳从中岛总长那里学到的方法，努力改善教学质量。

参加中岛总长主讲的社会福祉士“国家考试对策”系列讲座：社会保障论听后感

东京福祉大学讲师　社会福祉大学硕士　山本博之

2006 年 9 月 25 日

2006 年 9 月 13 日，中岛总长在我校大讲堂主讲了社会福祉士“国家考试对策”系列讲座：社会保障论，就讲座的感想说明如下。

过去我在培养社会福祉士学校里工作的时候，“国家考试对策”讲座都是委托外部机构的讲师来举办。但是在我校，却由获得美国一流私立大学（福特汉姆大学）教育学博士学位的中岛总长亲自主讲，并且让我们这些年轻讲师来参加讲座，使我深感荣幸。作为社会福祉学的教师，我和其他大学的教师交流的机会很多，在我们的交谈中也会说起国家考试对策的话题，但是我从来没有听过有哪所大学是由总长亲自主讲对策讲座，或加强学校课堂管理的。

讲座上，中岛总长对学生再三强调，“总之要背诵，背完即可，不用再做其他事情”，“烦恼的学生考试都会不及格，因此有不懂的地方就先把它放在一边别去多想”。我感到这些话是总长在充分理解学生的备考心理后的忠告。很多学生在准备考试时会感到不安，这个也要做，那个也要做，超过自己忍受程度后就半途而废。对于这些惶恐不安的学生来说，教师明确地指导“只要背诵就好了”这一方法的话，就能消除学生在准备国家考试时的消极情绪，我觉得这一招真的非常管用。

中岛总长撰写的《二十一世纪的大学教育改革》的第一章开头如下：为什么要上大学接受教育？大学教师首先必须教导学生学习是为了什么。那么我校学生又是为什么而学习的呢？照着总长的讲话来解释就是：学生在我校学习是为了通过国家考试，为了丰富自己的生活。为了帮助学生达成这个目标，中岛总长主讲了一个半小时的“国家考试对策”讲座，内容充实，满怀热情和信念，使我受益匪浅。

享誉国内外的教育学博士中岛总长研究的国家考试对策，肯定能让我校合格学生人数在下一年度社会福祉士国家考试中居日本高校首位，勇夺桂冠。

我深信在讲座上学到的技巧一定会给我今后在东京福祉大学教师生涯带来帮助，我会践行中岛总长的教育理念，回报总长。

我想借此机会，再次感谢总长提供了如此宝贵的学习经验。

第六章 必须改变教师的认知

要答出日本国家考试中的客观题就必须死记硬背

读到这里，你是不是觉得有点奇怪，中岛不是批评过日本教育以背诵为主的弊端吗？现在怎么又说“必须死记硬背”呢？

和学生在哈佛大学的合影

从本书的序言开始我就一直坚持这个主张：为了解决现代社会中出现的新问题，仅靠死记硬背是不够的，必须依靠逻辑思考能力和问题解决能力，我并没有改变我的想法。我想说的是为了解决现实社会中出现的问题，仅仅依靠背诵的话是不够的。一旦碰到新课题就无从入手，不知如何解决，但是我并没有很极端地说完全不需要记忆能力。日本的国家考试、资格考试等考试有很多都采用答题卡方式，选择题的题型，这种考试方式考的就是记忆能力。论述型试题的考试，只要论证方法正确，答题的人数有多少就有多少份正确答案，但是如果是答题卡方式的考试，那么正确答案一定只有一个。因此，如何记住正确答案，在规定的考试时间内解决多少问题将成为能否合格的关键，为了通过这样的考试，记忆能力当然是最管用的。

每年实施的社会福祉士、精神保健福祉士国家考试中，东京福祉大学合格者的人数众多。在 2006 年 1 月举办的第 18 届社会福祉士国家考试中有 646 人合格，第 8 届精神保健福祉士国家考试中有 354 人合格，总计高达 1000 人，合格人数连续三年日本第一。我校创立于 2000 年 4 月，历史较短，却能一举超越老牌传统学校，取得了如此好的成绩。在社会福祉士、精神保健福祉士国家考试中取得的成绩足以说明，东京福祉大学的学生即使仅凭记忆能力，在“只有一个正确答案”的考试中，也能够表现出优异的才能。

开展教师的认知改革势在必行

东京福祉大学及其他机构的历史这么短，为什么还能在国家考试合格数上超过历史悠久的传统学校，取得优异的成绩呢？这句话反过来讲的话，就是其他老牌传统学校为什么无法取得和东京福祉大学及其他机构同样优异的成绩呢？最大的原因是传统高校缺乏学生是“顾客”的意识，没有好好地为学生着想，也没有下决心要把眼前这些孩子培养成为优秀的学生，即使他们现在还不够优秀，也要让他们在毕业时变得优秀，还让他们全部都能通过国家考试。

跨入 21 世纪后，学生人数在减少，大学和专科院校也不断出现招生人数不足的现象，之前人们就开始指出高校已经进入“严冬时代”，今后的高校也不会永远安稳，如果招徕不到顾客（学生），高校就会因为经营困难而倒闭。因为工作关系，我有机会参加私立大学的高层聚会，和各个大学的校长们聊一聊治校之事。每所大学的校长都对自己学校的未来存有危机感，深感改革的必要性。但是高校教师还缺乏这种危机感，完全不知道该怎么办，有些甚至连改善教学方法的想法都没有，高校改革前途不容乐观。

鄙人创立的东京福祉大学情况也同样紧急，我作为校长亲自出面指导学生后情形才有所好转。东京福祉大学创立于2000年4月，学校创办后第4年，2004年第一批全日制学生毕业。2003年秋天，我们对大四学生进行了一次社会福祉士国家考试模拟测试，结果十分惨痛。社会福祉士国家考试采用的是答题卡方式，只要答对60%的试题就能合格。

但是在2003年9月举行的校内模拟考试中，只有10%的学生答对了60%的试题。负责学生备考社会福祉士国家考试的教师纷纷表示：“今年的大四学生根本不可能通过国家考试”，“今年不行，那就再看明年的学生吧”，绝望的情绪在学校蔓延开来。听到这个消息后，我怒斥学校的教授“太荒唐”，决定亲自出马主持“国家考试对策”讲座。医学院出身的学生如果不参加国家医师考试读大学就没有学习的意义，同样的道理，福祉学校的学生也必须取得社会福祉士、精神保健福祉士等国家资格证，上学读书才有意义。拥有了国家资格证，学生会找到更好的单位，在福祉机构工作时也能获得更高的职位和更高的薪水，总之毕业后的人生就会过得更加幸福。那些口口声声说“再看明年的学生吧”的教师正是缺乏了“学生就是顾客”的意识。对于选择报考我校，又支付了高额学费的学生，学校要尽教育的责任，培养出优秀人才。在学生毕业之前我们帮助学生取得国家资格证书，找到理想的工作，让他们将来都能过上好日子。我认为这才是学校最起码的义务。

作为总长的我亲自站在讲台上指导国家考试对策。之后，学生的实力迅速提高，在小测验中大部分学生都能获得满分。在第 1 届全日制毕业生毕业的那年，即 2004 年 1 月实施的社会福祉士国家考试和精神保健福祉士国家考试中，东京福祉大学合格人数居日本高校首位。我校虽然是一所历史不是很长的新办大学，2003 年度[①]（2004 年 3 月）培养出第一批全日制毕业生，我校第一批毕业生就成了日本第一。通过被称为“难关”的国家考试的合格学生，就是 3 个月前还被其他教师认为“今年不可能通过考试”的那些学生。所谓“学不好”的学生，只用了短短 3 个月的时间，就发生了惊人的改变，变成了“学得好”的学生，而且还通过了国家考试。那么让学生通过国家层面考试的秘诀究竟在哪里呢？

东京福祉大学开展的教学活动让全校学生通过国家考试

大学的创立者和大学最高负责人——总长（校长）亲自站在讲台上，为学生指导国家考试对策，目前也只有东京福祉大

① 年度：日本高校从第一年的 4 月开始到第 2 年的 3 月为一个年度。

学。正如在第四章所写的那样，我曾被邀请到哈佛大学教育学研究生院做访问学者，我为自己研究出有效教学方法，并成为一名真正的教育学专家感到自豪。下面我就在东京福祉大学和联盟学校的实际上课情形略作介绍。

社会福祉士考试是一个高难度的考试，每年通过率不到30％。教师试图逐一解说晦涩难懂的专业术语，这是在讲授国家考试对策课的过程中容易出现的误区，我肯定不会用这种方法去教课。

首先，我会明确地告诉学生：“你们为什么在这儿？为什么学习？学习的目的到底是什么？是为了理解社会福祉学的高深理论吗？不，学习的目的是通过国家考试。”那么通过了国家考试又会怎样？我会很清楚地告诉学生一个道理，通过考试就可以拥有国家资格证书，找到好的就业机会，就能拿到更多的薪水，将来的生活就会过得很幸福。

那么，我就会明确地告诉学生如何学习才能通过国家考试，告诉学生最重要的诀窍就是“死记硬背”，要把“往年的试题丝毫不差地背下来”，把往年试题中的题目和答案都记在心里。还有一个重要的诀窍是“只看往年的试题，其他专业书一律不看”。听我这么说，连那些熟悉我的教学方法的我校教师都会在一开始感到非常惊讶。

在课程开始时，我会清楚地告诉学生：“一定要专心背诵”，“遇到问题和解答中不明白的地方就放一边不管，不要一不明白就停下来”，“死记硬背时不要感到惶恐不安，不要去想其他多余的事”，“要是你阅读专业书，你就会变得越来越不明白，头脑就会混乱，这样就造成无法及格”，“相信我，按照我说的方法去学习，你一定会通过考试”，“你们不用烦恼，把你们担心的事都交给我”，“过于担心的人、不按我说的去做的学生每年考试都会很难通过”。

就像很多其他的考试一样，社会福祉士、精神保健福祉士的国家考试都是答题卡形式的单项选择题，这种只有一个正确答案的题目只能去背诵，而且国家考试的题目并非每次都会完全更新。

大概有80%的试题都是稍稍改动过的往年的题目，即使有新题，最多也只占到10%～20%。因为差不多能答对60%的学生就可以达到社会福祉士国家考试的合格标准，所以只要把往年的试题背熟就可以达到合格。如果连60%的正确答案都背不出的话，想获得社会福祉士国家资格证书就遥遥无期了。

不仅是学生，现任大学教师也来听我的课，“资料7和8”是几位教师的课后感想，那里记载了详细的授课流程。我在课上不做任何无用的解释和说明，我不是“教”学生，而是“让”学生“自己学”。在画重点的时候，我会让学生在自己认为重要的地方画线，每个人画线的部分不同也没关系。我给学生明确指定背诵的时间，1分钟就是1分钟，3分钟就是3分钟，告诉学生“3分钟内背下来。预备，开始！”，让学生集中精力背诵重点。按照我的这种方法学习，90分钟过后，再进行一次小测试，这时几乎所有的学生都得了满分。

我为了备课，早上三四点起床，亲自解答社会福祉士、精神保健福祉士国家考试所有科目的往年试题。正因为自己实际解答过往年的试题，才能有自信地指导学生。有一次，一位外校的校长问我："中岛老师，怎么做才能让我校学生也能通过国家考试呢?"我这样回答："很简单，您早上4点起床，亲自把国家考试往年的试题全部试着做一遍，怎么样?"

国家资格考试并不是该领域的学者就一定能够通过。实际上，我校的教师参加小测验，连学生都能拿到满分10分，很多教师却只能得4分或5分，而且越是资深教师，成绩就越不理想。

■专栏4

展开逻辑推理

学生写报告书的时候，因为手头的教科书内容繁多，含有大量文字和专业术语，艰涩难懂，所以感觉难以下笔。针对这样的情况，我和专业教师制作浅显易懂的教学参考案例，由任课教师分段仔细地教导，让学生理解其中的内容，这是首先要做的事情。通过这种教学，学生理解基本思路后，再让学生阅读资料，写出自己独特的想法。写报告书的时候，比起结论来说，逻辑的展开和条理的梳理更为重要。只要条理清晰，即便学生的结论和我制作的教学参考案例不同，也视为合理，因为正确答案并不只有一个。

解决学术性问题时，逻辑构造很重要，现实社会也是如此。问题发生时用什么方法解决，解决的理由是什么，依据什么，什么学说，什么定义，要用自己的方式解释这些问题。即使是同样的教科书，一个词语也可能衍生出好几种定义。教科书摘选内容不同，展开的逻辑推理就会发生各种变化。这种变化是理所当然的，不变就怪了。

现在的日本从小学到高中的教育，因为充满了“请选择正确答案”，或者“正确的答案就是这个”之类的内容，因此学生认为有唯一正确答案是理所当然的，但这种想法是错误的。无论是从写报告书的角度来看，还是对于现实社会来说，只要自己认为是正确答案，那就是正确答案。如果认为别人错了的话，那对他来说就是错的，对于同一件事会出现意见对立的情况亦是自然。因此在写报告书时，学生也最好使用这样的思考方式。

认为别人写的东西是错的就是错的，认为是对的就是对的，因此别人判断自己写的东西是正确的还是错误的都不重要。我在这儿写的是一种建议、一种思路，因此如果真的想写出自己能接受的好文章，可以拿这个资料作为参考，撰写自己的文章。

最重要的是论文中要有自己的见解。理科的话，一加一等于二，而对于文科来说，一加一不等于二也可以。当日本的教授说，这份报告书这样写是正确的，那么这只是对那位教授来说是这样的，并非绝对正确。因为那位教授依靠的是记忆，他只记得按照自己学到的知识来判断正确与否，被灌输了这种观点的教授，在他眼中这些知识自然就成了绝对的真理。请各位教师务必做到自己能写出不依靠记忆、有自己想法且条理清晰的报告书，另外也请这样指导我们的学生。

■专栏 5

关于录用教师的想法

日本有很多教师在课上教的内容还是不错的，但是他们却不懂怎么教。教师不仅要有优秀的上课内容，还要善于教导和交流。

我已经强调过好几次了，课堂教学并不是自上而下、单向地把自己掌握的知识讲出来，而是要把学生引入课堂，特别是坐在后排聊天、打瞌睡、开小差想其他事情的那些学生，要让他们站起来朗读，念错字的话就帮他们纠正。教师在课堂上要想方设法提高学生的学习能力，而不是一味地让学生死记硬背；用“你很有潜力”“很有思想”等话语多表扬学生，多鼓励学生；还要记住学生只想上好教师的课，不要忘记学生就是我们的“顾客”。

在录用教师或非常勤讲师时，必须仔细考量他们的实力。所谓实力，是指学术业绩和教学两方面的能力，这两方面的能力都必须看清楚。下面具体介绍一下录用方法：一是面试，让拟录用教师参加教师研修会，判断他们是否能够充分理解校长的教育理念并付诸实践。二是能力判断。让拟录用教师制作所担任科目的教学参考案例，观察他们制作案例的逻辑推导和整体结构，从而判断他们的能力。对那些只是表面上出席教师研修会，但实际又不去改善教学方法的非常勤教师，要考虑辞退他们。如果录用了没有实力的教师，对教学敷衍了事，那么对学校的评价就会掉价，就无法吸引学生。不能因为是著名教授介绍的人就随便录用。以哈佛大学的招生为例，无论父母给学校捐多少款，都不能保证他家孩子可以顺利拿到录取通知书。因此要把录用教师和其他人情世故分开考虑。今后我会去观摩更多的课堂，强化对我校教师的指导力度。

我校的一大特色是将学生对教师的教学总结和评价公开，让所有教师参阅，我希望通过这种方法激励因评价较低而尴尬难堪的教师，让他们不断进取，做好教学本职工作。

第七章
符合福祉时代需求的真正的福祉教育

社会福祉需要的不只是劳动力

摄于东京福祉大学主运动场

今后的社会福祉需要的是创新型人才，能够突破传统的保守观念，改变陈腐的社会结构；需要应变型人才，能够巧妙掌控21世纪的新信息、新标准和新观点。如同饮食，不能只吃习以为常的日本料理，还要去品尝中餐或西餐，当然西餐里还有很多花色品种，诸如法式、意式，还有犹太式，不管哪里的菜肴都不怀偏见，乐于尝试，而且能够不拉肚子，完全消化，转化为自身的营养。这种人才必须既拥有广博的一般素养，又精通特定领域的知识，而且思维机敏灵活、富有弹性。

要说起老人，其实每位老人都不一样，因为每位老人的人生历程和生活方式完全不同。工作人员不能因为喜欢这样的老人就去照顾他，看不惯那样的老人就不愿去照顾他，这种做法绝不可取。老人和小孩一样，如果不能了解他们的内心活动，就无法去照料他们的生活。为了能够了解老人内心的想法，我们平时就要有意识地让自己的思维变得灵活起来。

现今的日本社会福祉导入了新介护保险制度，面临着重要的转折点。之前的日本社会福祉是一种慈善事业，专门施舍穷人、家境不好的人和残疾人士等社会弱势群体。但是现在这种福祉观念已经过时了，当今的福祉政策已经把日本全国人民都作为提供福祉服务的合同对象。

2015 年，日本平均每 4 人当中就有 1 人是 65 岁以上的老人，到 2050 年，每 3 人中就有 1 人是 65 岁以上的老人，这样一来，我们就需要更多基础理论扎实的福祉专家。这正是那些期待多种多样的社会福祉援助的老人们的需求。

根据每个人的所处情况、身体机能、年龄层次的不同，人们对于福祉的需求也截然不同。为了使社会个案工作和社会小组工作能够最大效果地发挥作用，必须让护士和作业治疗士、理学治疗士、柔道整复师①、社会福祉士、介护福祉士、上门介护员等与医学相关联的专家通过相互合作来解决这样的问题。

---

① 柔道整复师：日本特有的一种康复专业的医护人员。他们不依靠内服药物或手术，就能治疗骨折、扭伤、脱臼等身体故障。

80岁以上老人数量的增加，意味着越来越多的人不能够或不愿意表达他们对于社会福祉的需求，我们必须找出这些需要帮助的老人和残疾人，逐一解决他们的问题。总之，从事社会福祉工作需要付出的不只是劳动力。

为了应对上述社会福祉领域所发生的变化，就必须与专家合作，用他们的专业知识来解决受照顾者所面临的社会问题和身体问题。总之，今后从事社会福祉工作的人应当具备思考能力、课题探究能力、发现并解决问题能力，还要有积极进取的意愿。反之，那些缺乏思考能力、不善于发现问题和解决问题的人，将难以在这个领域继续发挥作用。

福祉领域里解决问题的能力尤为重要

今后社会福祉的样态（以介护保险制度为例）将不断发生变化，在这个充满变化的时代，从事社会福祉的工作人员必须具备灵活的应变能力、扎实的读写能力、发现并解决问题的能力。面对问题，能够通过查阅书籍等手段来解决，这种能力必须成为教育界普遍培养的目标。福祉领域里需要照顾的对象，他们行动不便的类型和程度可能各不相同。例如，虽说都叫作老年痴呆症，但是每个人的症状都不一样（健忘的老人会忘记自己吃了什么，而患有痴呆症的老人甚至会忘记自己已经吃过饭了）。并不是说护理或帮助过一位老年痴呆症患者就什么都懂了，因为其他老年痴呆症患者的问题不尽相同，工作人员在进行护理和帮助时必须能够应对可能发生的各种各样的问题。

为了让学生有能力解决在社会上遇见的实际问题，在课堂上教师要重视讲解现实生活中实际用得到的知识。学生应当自己去图书馆查阅相关书籍，调查研究问题，这样的自主研究如果不是从小就开始练习，是无法完成好阅读与写作的。

在东京福祉大学社会福祉学院社会福祉系、保育儿童系的教职员的呵护下，毕业生平时反复进行这样的读写训练，因此能够胜任本职工作。我们的学生在就业后因为擅长写护理日志等资料，工作踏实勤恳，因此好评连连，不管是在哪所福祉机构都受到欢迎。

大家都说奔驰是好车，不管是在高速公路上，还是城市的普通道路上，都能平稳地行驶，这是因为它制作精良，“腰腿”结实有力。柔道和相扑也是如此。虽说肌肉锻炼也是必要的，但最重要的还是让腰腿变得结实有力。在社会上生存也是同样的道理，读写能力起到“腰腿”的作用，在工作上也是不可或缺的。学生掌握了读写技巧后，只要资料上写的是自己知道的语言文字，那么不管遇到什么问题都可以想法子解决。

具备了读写能力，方可真正意义上称得上具备一种扎实可靠的基本学习能力，如果没有这种基本学习能力，那么无论怎样积累都得不到成长。然而日本的大学和研究生院到目前为止仍旧不重视培养基本的学习能力，只是一味让学生去背诵深奥难懂的知识，导致学生不知道怎么去活用知识，而且有些高校居然还搬弄是非，说什么“不是实学也算学问，即使不能实际应用也无所谓”之类的歪理。

只要基本学习能力扎实，无论是哪一类问题，都能轻松应对。社会福祉领域的工作现场往往会出现各种各样的问题，有了基本学习能力就可以避免慌张着急、不知所措等窘境，因此只要收集好资料和信息，就可以将问题一个个仔仔细细地解决好。

对福祉和看护领域资格考试中出现的判断题型，我提出质疑

事实上，日本的社会福祉士和护士的国家资格考试的题型仍然是日本独有的传统的客观题，即以考查记忆能力为主的判断题。虽然考试难度很大，但是这种题型不足以培养出思维灵活的人才。东京福祉大学毕业的学生在这方面的能力反过来应该比其他老牌大学的学生更占优势。用判断题作为考试题型，只能培养理解能力和记忆能力，而不是基本学习能力。

在不远的将来，这种题型一定会受到世人的反思和批评。虽然现在各个社会福祉法人所设立的社会福祉机构的竞争态势还没有一般企业那样激烈，但是，国家施行了介护保险制度后，民间的医疗产业和福祉服务产业创立的社会福祉机构和医院就会大量涌现，随后就会带来市场竞争。正是这种激烈的竞争环境才更需要那些具有发现问题并能解决问题能力的人才。

随着各种社会福祉机构和医院的增多，越来越多的人会对现有的措置费（又称运营费，根据措置制度由国家分担部分费用）和健康保险制度导致的千人一面的护理服务产生不满，他们宁愿花费更多的金钱，享受更高水平的护理，他们会选择聚集优秀人才的机构，让具有应变能力的上门护理员、社会福祉士、介护福祉士为自己服务。而东京福祉大学培养出来的拥有

真正学习能力的优秀人才就会有用武之地。

真正的教育培养出来的人才，不管他们将来想要从事什么样的职业，创建什么样的事业，都要具备一种基本能力，使得他们在决策一些事情时能够作出正确的选择，也就是说真正的教育应该是把大学所学知识运用到实际当中。

我的梦想就是创立东京福祉大学，用自己的教育理念教育学生，让学生走入社会，工作两三年后就发挥出比东京大学和著名私立大学的毕业生更优秀的才能。我们的学生具有卓越的思考能力和判断能力，能够通过读写自行解决问题，能够倾听别人的不同意见，受到人们的信赖，而且又具有领导才能。如果我的梦想实现了，那么我在美国的辛苦付出都是值得的。

现在东京福祉大学在社会福祉士、精神保健福祉士的国家考试中的合格人数，还有毕业生的就业率已经达到全日本第一，超越了所有传统名校，今后我也将继续把学校建设得更好，追逐我的梦想，奔向下一个目标。

■专栏 6

今后的社会福祉和福祉教育

我利用寒假休息时间研究了社会福祉理论，特别在研究社会福祉援助技术论后，我领悟到日本应该追求怎样的社会福祉样态。直至近年日本的福祉仍是一种慈善事业，专门施舍有各种问题的社会人群，比如贫困者、缺少家庭照顾的人群和残疾人士等。当然，这是二战后左右了日本社会福祉业整整 50 年的过时观点，现如今社会福祉的观念正在不断改进。2015 年日本平均每 4 人中就会有一位 65 岁以上的老人，这样一来，就越来越有必要从基础理论开始学习什么是福祉了。

在研究社会福祉援助技术论的过程中，我确信今后的社会福祉所需要的正是对于复杂化、多样化问题的解决能力和思考能力，这个观点完全符合我经常和大家谈及的教育学的诸多问题。

需要社会福祉照料的人员情况各不相同，根据每个人的家庭情况、残障情况的不同，他们的需求也不尽相同。社会福祉有一种叫做个案管理的方法，要彻底做好个案管理，就必须要和社会福祉相关领域的专家（诸如医生、护士、物理治疗师、作业治疗士、柔道整复师、听觉训练师、视力矫正师等）合作来解决问题。此外，还有一些人实际上虽然需要社会福祉，但是却无法表达出自己的需求，我们要好好认识到这一点，从那些无法表达出需求的人群中找出真正需要社会福祉的人。

从事社会福祉工作人员需要的不只是提供劳动力，还应当具备帮助需要社会福祉的人解决问题，还要充分考虑他们所面临的社会、身体和经济上的各种困难。专家要运用专业知识，进行个案调查，针对每个人的不同情况开好一个个处方，然后获取数据，再进行反思，并针对新的案例寻找新的处方。总之，今后从事社会福祉工作的工作人员必须具备思考能力和上进心，没有思考能力和问题解决能力的话就无法在社会福祉领域存活下去。

社会福祉这种援助技术的模式已经被提升到了理论层面，此理论的创始者不是来自瑞典和挪威等北欧国家，而是来自美国纽约的哥伦比亚大学，可惜日本现在还未将它完全转化为适应日本社会模式的理论。

专家与专家之间要相互沟通与协调，就必须保持头脑的灵活、心胸的宽广，能够接受彼此的不同观点；在做个案调查时需要洞察人性，做到客观与科学；为了帮助需要帮助的人，要勤奋努力，保持坦诚之心。如果问题比较棘手，自己解决不了，福祉机构也解决不了，就应该明确地告诉需要帮助的人，不能含糊其词，不要让需要帮助的人抱有过度的期待。

成年人监护制度中有一种理念叫做正常化生活，表示包括老年人、残疾人在内的所有个体都应该在社会中自主生活。在不远的将来，日本为了防范少子化现象的加剧，应当接受外国难民，这或许将导致日本也开始出现多个民族共同生活的境地。这样的话，日本就不得不改变以往的那种排外性、非个性化的文化和社会，转变为多元文化社会（即接受他人构筑的不同文化的社会）。外国学生和日本学生分班上课的时代会慢慢过去，日本人的班级里也应该让成绩优秀的学生和成绩一般的学生同班学习，这样的话成绩比较差的学生可以向成绩好的学生请教，成绩好的学生可以通过辅导别人达到复习的目的。这样的教育方法在东京福祉大学被广为接受，并得到了广泛实施，这使得东京福祉大学的教学效果得到不断提升。作为

福特汉姆大学客座教授身份证

一所肩负着培养下一代的社会福祉工作人员的大学，东京福祉大学将成为社会需要的大学，同样，东京福祉大学每个教职员工也将成为社会需要的工作人员。

在社会福祉援助技术论领域，马斯洛①提出“社会福祉必须达到个人需求的第四阶段，即尊重需求的阶段”。当我们在帮助依靠轮椅移动的人时，不要怀有优越感，要站在坐轮椅的人的立场去感受，去理解他的需求。教育一线也同样如此，讲台上的教师不应该高高在上，轻视学生，而要保持与学生平行的视线，站在学生立场针对每个学生的需求来展开教育。这和从事福祉工作是一样的，要根据每个人的需求以及具体情况具体处理。没有思考能力、独创能力、发现并解决问题能力的人，在今后的任何领域都很难生存下去。这就是东京福祉大学立志培养学生的思考能力、创造能力和发现并解决问题的能力的原因。

〈资料8〉

东京福祉大学总长特别系列讲座（“国家考试对策”系列讲座）参加教师的报告（二）

以大四学生为对象的“国家考试对策”讲座听后感

东京福祉大学副教授　关口惠美

2006年9月27日

---

①　马斯洛：亚伯拉罕·哈罗德·马斯洛（1908—1970）将动机视为由多种不同性质的需求所组成，分为5层，依次为生理需求、安全需求、爱与归属的需求、尊重需求、自我实现的需求。

2006年9月13日（周三）我参加了针对大四学生，主题为“社会保障论”的国家考试对策讲座。讲座的心得体会如下。

早在学生时期，我就曾听过“国家考试对策”讲座，那是某著名大学教授的讲座。讲解的是单项选择题的答案和答题解析，为什么这个选项正确，为什么那个选项不正确，并通过教科书和参考文献做了详细的验证。有些题目我认为答案其实不止一个，看着眼前庞杂的资料，那时我深切地感受到了备考的艰辛。与此相反，总长讲授的“国家考试对策”讲座，目的非常明确，他不是给学生增加多余的知识，而是“让学生通过考试”，为了达到这个目的，让学生在有限的时间内高度集中注意力，挑选最小限度的重要内容让学生背诵。总长就像出题教师要求的那样，要求学生记下正确答案。国家考试全部都是单选题，因此不管学术观点如何、现有文献如何、题目本身是否恰当，总之答案只有一个。问题和答案都背下来考试就能及格，这个道理清清楚楚地摆在了学生面前。

总长在课上督促学生，把事先准备好的一套套考题、答案和解析让学生朗读，在重要的关键词下画线，然后指示说“现在开始五分钟内背诵完毕”“好，开始！”“还剩一分钟”“时间到。还有同学需要更多时间吗?”“延长一分钟”“好，到此结束”。就这样命令学生在五分钟之内把画线部分都背下来。学生在这五分钟之内要做的事情非常明确，整个课堂时不时地展开让人紧张的五分钟学习，因此整个课堂显得有张有弛。学生根本没有工夫打瞌睡或者交头接耳，九十分钟的时间就这样过去了。此外，总长绝不会放弃任何一个学生，如果有学生打瞌睡，总长就站在那个学生身旁，用话语鼓舞说："不要打瞌睡了，努力学习吧，通过考试就会有高薪等着你。"用鼓励的话语提高学生的积极性。

总长还会引用中国布袋和尚的故事，高度抽象地强调："如果按照我说的方法学习，就一定可以通过考试，什么都不用担心，你们把所有的担心都交给我。"就这样，以一种幽默的方式消除学生的不安情绪。对于那些已经放弃考试的学生，或者不知道该如何备考的学生来说，没有什么比这句话更能打动他们内心的了。这些话语准确地抓住了学生的心，抚慰了学生的不安情绪，鼓舞了他们的自信心，这是个完美的回应。在总长的鼓励下，无论是成绩好的学生还是成绩差的学生，都能够充满热情和自信地学习。

到现在，总长的"国家考试对策"讲座我已经旁听过好几次了，通过观摩，我真正懂得了在这 90 分钟的课堂上如何设计明确的教学目标，为达成目标，如何使用简洁明了、通俗易懂的语言展开教学。"国家考试对策"讲座把所有学生都能取得满分作为目标，不管学生的学习能力的强弱差距有多少，也不放弃任何学生，这正是取得了美国福特汉姆大学教育学博士学位并在哈佛大学教育学研究生院进修过的总长独有的教学方法，我深受启发，希望能从总长身上学到更多的教学方法。

总长亲自指导国家考试对策，这在其他大学闻所未闻。更让人惊讶的是，听说总长研究了列入考试范围的 13 个科目，周密地准备了此次考试对策讲座。总长经常讲："我每天早晨

4点就起床学习了。”他虽然极其忙碌，但是在教学和研究上绝不懈怠。他虽然拥有美国一流大学博士学位等众多成就，但是却绝不妄自尊大，总是心系学生，有着平易近人的品格，这样的总长才是真正的教育学者。我为能在总长身边学习更多的知识而感到幸运，今后打算把在总长课堂上的所学所见在自己担任的科目中充分运用并发挥作用，再不断钻研出更好的教学方法。

附录一：
关于“中国独生子女刻苦学习” 的报道

教育学博士　中岛恒雄

据《日本经济新闻》2001 年 1 月 28 日报道，中国独生子女政策下出生的中小学生，现在正肩负着父母的期待刻苦学习，和日本前些年的状况如出一辙。日本在第二次世界大战之后也曾有过高考竞争过热的情况，那时出现了“教育妈妈”这个新词，那些热衷于教育的妈妈们让小孩从小学开始就参加各类培训班和补习班，刻苦学习。在日本这个社会里，如果你毕业的大学名气不大，就业时就找不到好工作，将来也几乎没有出人头地的可能。学历基本决定一个人的人生，仅仅因为没有上过大学，今后就一直都会遭到歧视，因此每个家长都期待“至少要让孩子上完大学”。在这样热衷于教育的家长的培养下，孩子的基本学习能力变得很扎实，这些具有较高基本学习能力的学生现在已成为社会的工薪阶层或白领，作为社会的核心力量支撑着战后日本的发展。

但是，如今的日本由于受到少子化的影响，一部分大学面临着招生人数不足的困境，于是就把大学入学考试难度降低。这个现象从减轻填鸭式教育的弊端来看还算是一件好事，但问题是，这些学生从小学到高中都不怎么去主动读书，没养成爱学习的好习惯，他们进入大学后更加不去努力学习，这样的后果就是学生还没有掌握基本学习能力就走进了社会。

相反，在拥有日本十倍以上人口的中国，孩子们正在刻苦学习，这份拼劲让人联想到了曾经的日本。人口比日本多出十倍以上的中国年轻人，如果都能拥有如此高水平的素养和学问的话，那将会迸发出异常强大的力量。照此发展下去，中国在经济领域超越日本是迟早的事情。回顾历史，从圣德太子时代①开始，中国这一大国就长期位居亚洲发达国家之列，而日本被称为发达国家顶多不过是这几十年的事情。如同历史上的遣隋使、遣唐使那般，再从日本到中国去留学，去谦逊地学习技术和知识的时代有可能再次到来。

前几年，我在北京大学开设了一次特别讲座。我当时是用英语讲课，令我印象深刻的是北京大学的学生都非常优秀，擅长英语。但是同样是在北京大学，研究生的水平似乎并不高，据说北京大学的优秀学子本科毕业后都会选择去美国留学，为了让自己拥有更高的能力，而不是继续留在母校读研。我也在被称为日本顶尖大学的东京大学教育学研究生院开设讲座，那时纽约市福特汉姆大学的马克思·华纳博士（我的恩师）和我搭档讲课，当他看到连日本顶尖大学的东京大学教育学研究生

① 圣德太子时代：公元 574 年至 622 年，相当于中国隋唐时代。

院学生的水平都不是很高，英语水平也一般时，他感到非常惊讶。

我曾经连续几年在中国哈尔滨市的黑龙江大学开设特别讲座。黑龙江大学虽然名气不如北京大学，但是学生也都很优秀，英语语言能力也很棒，整体水平很高。我的好朋友约翰·麦金斯托利博士因为是上智大学外国语学院的客座教授，所以我和他一起在上智大学用英语开过讲座，我感觉连外语专业位居日本首位的上智大学外国语学院学生的外语水平，也不过和中国黑龙江大学的学生持平而已。

现在的日本，无论是在小学、初中，还是高中，学生的能力都不如从前，大学生的智力水平和基本学习能力逐渐低下的现象也很严重。我听说大学生在课堂上仍然在复习高中的读写题目，时代虽然发生了改变，但是日本高校的教育体制和教学方法却依然如故。大多数教授还在实施以往的单向填鸭式教育，只懂得沿袭旧制高等学校[①]通用的教学方法，导致学生完全没有掌握专业能力就走上社会。

如果教育依旧维持现状，那么日本的将来岌岌可危。日本人口稠密、国土狭小、自然资源贫乏，对于日本来说，只有人才才是最宝贵的财富。因为资源匮乏，日本从国外进口原材料，加工制造成汽车和电子产品，增值几十倍后再出口，从中赚取外汇，20 世纪的日本就是这样繁荣起来的。

---

① 旧制高等学校：日本的旧制高等学校是指根据 1894 年以及 1918 年设立的高等学校令开始一直到 1950 年存在的日本高等教育机构。

但是在21世纪的今天，日本的计算机领域和IT领域也正被亚洲各国逐渐赶超，日本如果不彻底改变教育体制，日本人民就会沦为到国外打工，拿着低薪被人随意使唤，智力水平低下的人群。我非常害怕这一天的到来。21世纪日本想继续维持一流国家的地位，就必须想办法改变教育体制，我整日忧国忧民，思索能为日本做些什么。

为了使日本不落后于世界，我会发挥自己的留学经验，引进国外优秀的教育方式，付诸教学实践工作，我想这就是上天赋予我的使命。

附录二：
东京福祉大学教育方针和课程特征

为了通过公务员考试

本校全力帮助学生考上公务员
——即便毕业后学校也会继续援助，直至学生通过考试——

一、理解公务员的“价值”

福泽谕吉在《劝学》（三笠书房出版）中说：“以日本的教育观而言，政府工作人员（即公务员）是最理想的出人头地之职”，“去政府工作（当公务员）是世人最为向往的职业”。

在这个大发展、大变革的时代，公务员可以称得上“最放心、最稳定的职业”，因此东京福祉大学尽全校之力，帮助学生通过公务员资格考试。

二、所谓公务员

公务员从属于国家或地区公共团体，以维护公共利益为目的，大致分为中央政府所属“国家公务员”和地方公共团体所属“地方公务员”两种。此外，学校教职人员、警察、保育士等也属于公务员。

①日本各大都道府县厅（日本的行政区划）、市区政府、町村政府部门职员：在各自治团体工作，从事各种公共服务的工作，如行政事务、技术职业、心理职业、福祉职业的人员等；

②学校教员和学校事务员：公立小学、中学、高校的教员及行政工作人员；

③警察：守卫地区安全的警察；

④保育士：在公立保育所或在需要保育士的儿童福利单位、残疾儿童福利单位工作的人员。

三、公务员的四点“价值”

现任公务员的问卷调查结果显示，很多公务员认为自己的工作对大家有帮助，职业价值感较强。其主要内容包括：

①感受到自身对行政部门作出的贡献。

②为自己能从事公务员工作感到自豪。

③在工作过程中感到自身的成长。

④认为对大家有帮助。

公务员的共同点是“陪伴并帮助社会弱势群体”。我们认为东京福祉大学的学生最适合做公务员。

职业开发教育课程的主要内容和日程

职业开发教育课程是一门针对学生毕业后的去向，进行有针对性指导的课程。本校的职业开发教育课程特点鲜明，重点培养学生考取公务员的应试能力。我们在研究历年高频考题的基础上，缜密解析题目要点，指导学生背诵问题、解答问题，让学生在短时间内记住问题和答案。对于学生不擅长的理科题目，我们会准备相同类型的五道题目，让学生反复操练，熟悉题型和解题思路。最后我们会安排测验，检验学习成果。测验也有助于学生感受到学习效果，让努力学习的学生提高自信心，增强学习动力（见下图）。

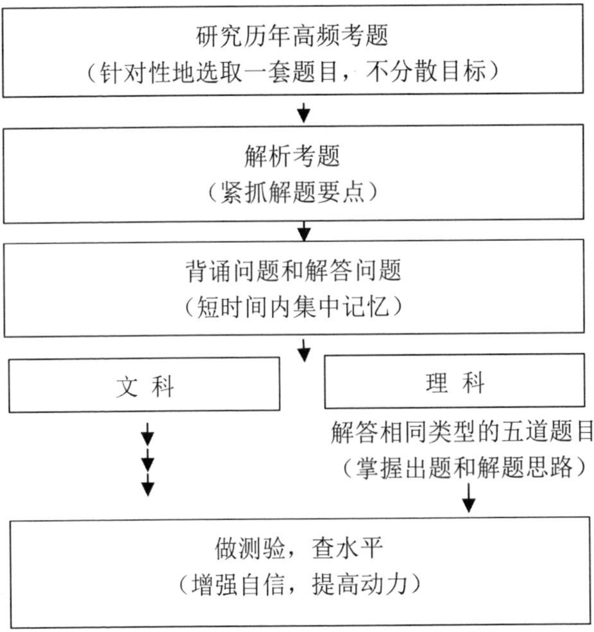

一、希望报考的学生都可以在本校报考

很多大学会因为学生成绩不好，从而影响学校声誉而不允许学生报名参加考试，本校重视学生勇于挑战的意愿，允许所有学生参加考试。

二、帮助毕业生报考公务员

如果学生在上学期间未能通过国家资格考试、教师录取考试，他们在毕业后，也可以继续利用本校就业支援室和教务课程支援室，获取单位就业考试、国家资格考试、教师录取考试的最新信息，毕业生也可以和专业教师倾诉交谈，磨炼面试诀窍，尝试模拟资格考试等。总之，即便毕业后，本校也会继续提供援助。

东京福祉大学的职业开发教育课程

东京福祉大学的课程渗透了总长在哈佛大学的研究成果：培养学生解决潜在问题的美式思维方式，以及发现问题和解决问题的能力。为了让学生在教师资格考试、公务员录用考试、国家资格考试中过关斩将，会要求学生像准备科举考试一般背诵许多内容，并且需要提高问题解决能力，以胜任公务员或其他专业职务。

培养学生处理日常生活中常见问题的能力，也是必不可少的教育目标。这可以提高学生的基本学习能力，帮助学生提高处理日常问题的能力。正是那些通过教师资格考试、公务员录用考试、国家资格考试的学生，才是福泽谕吉描述的精英。

一、帮助学生通过教师资格考试、公务员录用考试和国家资格考试

东京福祉大学尊重每位学生“想成为社会一分子”的心愿，与学生共思共勉，收集必要的资格考试题目和学习资源，帮助学生达成心愿。多数学生的梦想都与取得资格证书、通过考试相关，他们在学习期间都能提高应试能力，努力通过资格考试和就业考试。

学生在入学后，通过课堂上的自主学习提高基础素养。每位学生按照自我规划，选取相关职业开发课程，提高通过录用考试和国家资格考试的能力。

职业开发课程按照学生的期望长年安排，引导学生迈上理想的职业道路。

二、职业开发教育课程的四大要点

1. 点亮一盏心灯，照亮学子前行

学生在学习过程中往往会闪现这样那样的希望，也会陷入迷茫，不知所措。为了防止学生在开始阶段走弯路，东京福祉大学与学生一起探讨“为了实现梦想，我应该怎么做”这个问题，然后把相关内容融入培养方案中。当然学校不会为此额外收费。

2. 分析过去问题，重点指导薄弱科目

真的想要取得资格证书的话，就不能再逃避那些低分科目，比如，文科学生在争取获得教师资格证书的时候，也需要学习理科科目。东京福祉大学专门为学生指导弱项科目，充分利用过去的问题，帮助学生把分数提升到合格水平。

3. 使用独特方法，提高学习成绩

东京福祉大学有一套独特的方法，帮助学生考取理想的资格证书。全校教师都理解此法，并赋予实践。在考核应试对策的测试中，许多学生获得满分。学生获得自信，并顺利通过考试。

4. 定期组织教员研修，彻底贯彻本校教学方法

为了让学生充分信赖课程，放心来上课，高校需要维持、

提升教员的素养。东京福祉大学采用独特的教学方法，让学生达到高水平的合格率。本校定期召开教师研修会，组织教师相互听课，减少教师之间的差距。

三、考试应试对策

考试对策课程仅选用一本问题集，讲解过去常见问题。我们通过精读一本问题集，方便学生熟悉出题类型，记忆解答思路，让学生在实战中对解答题目充满信心，提高学习欲望。学生只要在课上跟着学习，就能自然而然地提高分数，顺利通过考试。

附录三： 公务员相关情况

公务员有公平的晋升和成长机会

教育公务员是从事教育相关工作的公务员。2017 年 4 月 1 日的教育公务员制度规定，教职 8 年以上且年龄在 30 岁到 60 岁之间的普通中小学教师就有资格选考主任教师，任主任教师 2 年以上且年龄在 34 岁到 58 岁之间的教师就有资格参加主干教师或指导教师的选考，负责学生教育和教师教育。要晋级位于主干教师与指导教师之上的教育管理职位，就需要根据不同职位的选考要求，选择适合自己的教育管理职位。如果选考教育管理职位 A，需要 2 年以上主任教师的经验且年龄未满 44 岁；如果选考教育管理职位 B，需要 2 年以上主任教师的经验且年龄在 39 岁到 54 岁之间；如果选考教育管理职位 C，需要 3 年以上主干教师或指导教师的经验且年龄在 50 岁到 60 岁之间。教育管理职位的选考通过后就可晋升指导主事，专门指导学校的教育活动。指导主事的上级是副校长，任副校长 3 年以上且年龄未满 59 岁，就可以参加校长候补选考，继而升任校长。

对于有上进心、想要一展实力的人而言，教育公务员拥有可以公平晋升的机会，且男女平等，在教师行业中从事管理职务的女性也大有人在。比如东京教育委员会，其任用制度规定重点考核能力和业绩，可见教育公务员可以通过公平公正的选拔考试得到晋升。此外，为公务员提供的职业教育也备受关注，研修活动种类繁多，上班后可以一边工作一边研修，这种拥有提高自身能力的机会也是公务员的一大魅力。

公务员的各种休假制度让你育子无忧

按照劳动基准法的规定，年度带薪休假的对象必须从雇用日开始，连续上班 6 个月，且上班天数超过 80%，对满足条件者，1 年内必须给予 10 天假期。但是，教育公务员从第 1 年开始就可以获得 20 天假期，当年没用完，还可以次年累加。比如第 1 年有 10 天的带薪休假，那么第 2 年加上第 1 年的剩余假日，总共可以有 30 天的带薪休假。此外，被认定需要长期疗养的人疗养期内可以保留职位。

东京公立学校女性教员利用育儿假的比例是 96.5%，民间企业的育儿假利用率是 82.2%[①]。

以下是面向公务员的各种休假制度。

①带薪休假：上班第 1 年就可取得 20 天假期。

②病假：被认可的期间（最多可领取 90 天薪水）。

---

① 厚生劳动省. 雇用均等基本调查. (2018-11-15)[2023-01-08]. https://www.mhlw.go.jp/toukei/list/71-30r.html.

③介护休假：180 天以内（允许缩短每日工作时间）。

④生理休假：被认可的期间（最多可领取 2 天薪水）。

⑤灾害休假：7 天之内。

⑥暑期休假：5 天之内。

⑦育儿部分休假：小孩上小学前，26 小时以内（允许缩短每天工作时间）。

⑧长年勤劳休假：2 天（连续工作 15 年）、5 天（连续工作 25 年）。

1. 育儿假

育儿假最长可达 3 年。“怀孕和生娃的休假”，就是所谓的“产假”。产前产后合计可以取得 16 周休假。而育儿假最长可以请假请到小孩 3 岁。男性职员可以休陪同产假、共同育儿休假，在制度上允许男性参与育儿。

2. 孕妇通勤时间

得知怀孕后，孕妇可以获得每天 60 分钟以内的灵活上班时间，允许上班迟到或下班早退。此外产后也可以享受各种福利制度，比如“育儿上班时间缩短”等，小孩在上小学之前，可以每天休息 2 小时。

教育公务员的魅力（公立学校教师）

教师负责守护、支持、引导小朋友成长，显而易见是富有社会价值的职业。教师职业具体有哪些好处呢？在此解析一下公立学校教师的待遇。

下列公务员工资的计算标准以一份国家调查报告为依据，

调查对象是每家拥有50人以上职员的1万家企业。教育公务员，在此基础上加4%，即如果收入有20万日元的话，就能增加8000日元的教职调整津贴，比一般公务员的工资还高。一般企业的话，有的根据业绩可能会发高额奖金，也有的完全不发奖金，收入参差不齐。但是教育公务员的奖金稳定，不会根据自治体①收入多寡而上下浮动，可以说基本处于一个高额水准，详见以下表格。

地方公务员（中等发展地区）不同年龄段的平均收入

（工资+奖金）（日元）

公务员	第一年（应届）	到35岁后	到45岁后	到50岁后
每月基本工资	184,000	334,000	391,000	411,000
每月各种津贴②	36,800	66,800	78,200	82,200
每月平均奖金③	69,000	125,250	146,625	154,125
每月合计	289,800	526,050	615,825	647,325
年收入	3,477,600	6,312,600	7,389,900	7,767,900

---

① 日本自治体广域上分为都道府县，包括东京都、北海道、大阪府、京都府和43个县，狭域上分为市町村，日本在宪法上保障这些地方的自治。

② 各种津贴平均下来相当于基本工资的20%，以此比例推算。

③ 奖金金额按照基本工资的4.5倍计算，并折算成每月平均奖金。

企业（中型）正式职员不同年龄段的平均收入（工资＋奖金）（日元）

企业（中型）正式职员	第1年（应届）	35岁后	45岁后	48岁后
月收入合计	211,100	362,000	443,000	484,000
年收入	2,533,200	4,344,000	5,316,000	5,808,000

资料来源：①厚生劳动省．工资结构基本统计调查[DB/OL].[2023-01-08].https://www.mhlw.go.jp/toukei/itiran/roudou/chingin/kouzou/z2018/index.html.

②厚生劳动省．每月勤劳统计调查[DB/OL].[2023-01-08].https://www.mhlw.go.jp/toukei/list/30-1k.html#01.

地方公务员（中等发展地区）的平均年收入为6,608,000日元，企业（中型）正式职员的平均年收入为4,311,000日元。

东京教育公务员的收入（工资＋奖金）（日元）

	东京教育公务员	一般企业职员
入职第一年平均工资	247,500	204,200
转正后平均年收入	7,249,000	4,311,000
转正后年度奖金	1,697,000	770,200

资料来源：①东京都教育委员会．东京都教育委员会パンフレット[N/OL].[2023-01-08].https://www.kyoiku.metro.tokyo.lg.jp/staff/personnel/salary/salary.html.

②日本政府统计综合窗口．就业构造基本调查[DB/OL].[2023-01-08].https://www.e-stat.go.jp/stat-search/files?page=1&toukei=00200532.

③厚生劳动省. 工资结构基本统计调查[DB/OL]. [2023-01-08] . https://www. mhlw. go. jp/toukei/itiran/roudou/chingin/kouzou/z2018/index. html.

东京教育公务员晋升后的月收入和年收入（工资+津贴+奖金）(日元)

	月工资（含津贴）	年收入
教师（25 岁）	265,000	4,339,000
副校长（45 岁）	574,000	9,330,000
校长（50 岁）	657,000	11,028,000

资料来源：①东京都人事委员会. 2018 年职员工资的报告与劝告[DB/OL] . [2018-04-11]. https://www. saiyou. metro. tokyo. lg. jp/30kankoku. html.

②厚生劳动省. 工资结构基本统计调查』[DB/OL]. [2023-01-08] . https://www. mhlw. go. jp/toukei/itiran/roudou/chingin/kouzou/z2018/index. html.

表中数据根据上述资料中“月收入、特别收入的计算法(收入记录）”和“有关学校职员第一年工资、工资涨幅等相关规则”计算。

收入包括津贴，津贴分为地区津贴、特别调整津贴（管理职务津贴）等。此外，如果有需要赡养的家人，还能拿到赡养津贴。

相关材料显示，普通公司正式职员的平均月收入为 26.38 万日元（25～29 岁)、48.61 万日元（45～49 岁）和 53.51 万日元（50～54 岁)。普通正式职员的平均年收入为 321 万日元(25 岁)、505 万日元（45 岁）和 519 万日元（50 岁)。

附录四：中岛总长访谈

提高学习能力，助力考试成功

考入东京福祉大学的，多半是那些考不上一流大学的学生。他们上的是普通中学，从未在课外读过补习班。很多学生中学时代就开始打工，只能去适合勤工俭学的中学读书，因此不少学生都因家庭经济条件差申请奖学金和助学金。

但是，只要在我校拿到公务员资格证，走上社会后的收入就可能翻倍，生活也会安定下来，也就是说，公务员相当于社会精英。听到这个道理后，很多学生就会努力取得公务员资格。即便家庭贫困，父母离异，只要能取得公务员资格，就能让收入和生活安定下来。因此我鼓励学生树立目标，激励他们奋起学习。

现今社会形势多变，新冠肺炎疫情引起社会恐慌，贫困家庭呈现增长趋势。考虑到不安定的社会形势，对于这些来自各地的奖学金学生，东京福祉大学不另外收取公务员考试对策的讲座费用。

如今特别值得一提的是小学教师人员不足的问题。虽然说日本现在少子化，但是因为教育政策的规定，班级人数变少，班级总数增多，所以教师人数不够。只要通过小学教师录用考试的第一次考试，哪怕第二次考试被刷下来，也能以非常勤（非正式）教员的身份上班。非常勤教员工作 1 年以上，就可以免除次年的第一次考试，只要过了第二次考试——面试，就可以做正式教员。

要想通过公务员考试，那么应该怎样学习呢？简而言之，就是背诵。本校的学习一般讲究思考能力、重视写作和阅读，而为了考取公务员，就需要记住大量的过去考题。

不仅仅是做学问，在社会生活中，正确答案也往往不止 1 个，很多时候正确答案要等到事后才能弄懂。但是公务员考卷上的正确答案只有 1 个，而且是选择题，涵盖多门科目。因此，考生需要尽可能多地背诵曾经出过的考题。在学校背完，回到家后也不放松，睡前饭后、泡澡的时候都要反复背诵，这样才能把要点留在脑里，不再出现遗漏，在临考前可以不慌不忙，心态轻松。

总之，过去考过的问题十分重要，要一口气记住过去 5 到 10 年的所有考题，反复咀嚼，这样就能考取国家资格证书。这套方法不限于教师资格考试，对理学作业疗法士的国家资格考试也同样奏效。

因此，执教者也要重视背诵已经出过的问题，对于特别难的题目，不能言辞晦涩，而要用简单易懂的语言去讲解，帮助学生大量记忆。

数字的判断和理解之类的问题，难免会有一定难度。可以在同一题目里替换数字，出5道类似的题目。第一次答题学生可能只能理解一部分，换一套数字让学生再做一次、接着再练习第三道同类题，这样当学生做到第四、五道题时，就能自然而然地理解题意了。

理科题和数学题只有对或错两种可能。因此只要这种科目能取得满分，就会非常有利于考试合格。

地方公务员有初级、中级、高级之分。要取得高级自然很难，高级可以升到副知事。只要在东京福祉大学加油学习，即便家境贫寒，也可以打开出路，走上仕途。因此，学生非常努力，教员也认真执教。

并非所有教员都满怀热情，但是一定要让学生达到合格线，为学生铺设道路，成为国家栋梁。“在一定程度上做好教学工作”，这个想法他们还是有的，但是至于学生的未来是否光明、是否丰富多彩，很多教员并不会推心置腹地考虑。

比如在物理课上，经常见到教师在讲解前先加上一句“这一点很难”，这样一来就把八成的学生吓到了。我除了会在课上给学生安排座位，比如让不熟悉的同学并排坐，让学生尽量靠前坐，也会想方设法让授课内容平白易懂。通过这种方法，那些曾经在物理课上表现不佳的学生，就会取得全班满分的好成绩。教师不仅要在学生面前开口讲话，更要让学生理解自己想表达的意思。教师上课肯定会竭尽所能，但是教师们是否能够考虑到学生的个性和背景？我想有些教师说不定还把学生分成优等生和学困生，暗地里放弃了对学困生的管教。但是，把不会的学生教会，这难道不是教师的使命所在吗？

东京福祉大学就是有意识地肩负如此使命，招收背景复杂，成绩欠佳的学生，把这些学生教会、教好，让他们考取公务员资格，帮助他们顺利走上社会。

附录五：大学如何才能存活
——东京福祉大学的教学实力

大学能够存活的重要原因

大学能够存活的重要原因总结如下。首先，要站在学生角度，课程须符合学生的目标、需求和水平，提高学生的学术能力。

其次，哪怕是不擅长学习、尚未养成自主学习习惯、无法自律的学生，也必须让他们顺利毕业，通过每天的课堂学习，让他们的学习能力达到与本科毕业生相当的水平，要引导他们保证上课不缺席。

再次，教师不仅要考虑学生 20 年后可能用得上的知识，更要注重培养学生掌握当下对社会起作用、有吸引力、能付诸实践的学术能力。

最后，教师要采用高效有意义的教学方法，让学生取得国家资格证书，通过教师或公务员录用考试以及其他就业考试，从而一目了然地把课堂教学效果展示给学生。

学生的需求和学校的需求

一所学校一旦能够满足学生的需求，就一定会生源滚滚。同样，学生选择学校的时候，也一定会去那些能够满足自己需求的好学校。教师要多关心学生。我校教师十分重视、关爱学生，即便是课后，教师也时常和学生交流，为学生指点迷津。作为学生，当然希望通过学校的学习，来实现自己的目标，比如取得资格证书、顺利找到理想的工作等。学生希望学校的教学体系完善，教学效果显著。哪怕是那些没有养成良好学习习惯，不擅长自我管理的学生，也同样拥有自己的目标，想在毕业后有一条理想的出路。我校致力于把那些在高中不擅长学习的学生转变为“学得好的学生”，指引他们通过各类资格考试，让他们成为社会需要的优秀人才。

教师教学能力的三个基本要素

教师教学能力由三个基本要素组成。

①学习并积累专业知识。

②明确并坚定自己想成为一名教师的动机。

③在教学实践的过程中形成自己的教学特色，培养卓越的教学能力。

一位教学能力卓越的教师可以做到以下四点。

①有能力开展创造性、富有成效的课堂教学。

②有能力开展合乎情理、简单易懂的教育。

③密切关注学生需求的变化和动向。

④具备探究课题、解决问题的能力和领导能力。有的教师只担心学生的未来，却对学生现在的状况感到无能为力，心情焦躁。教师再怎么担心学生的能力，也不能解决问题。

教师的教学能力有如下特征。

①教师需要花费一段时间来掌握通俗易懂的教学方法。

②教师通过积累实际经验来提高教学能力。

③随着年龄的增长，教师的学习效率和记忆能力都会下降。

④除了记忆能力，判断能力、推理能力、理解能力等只要不出意外，哪怕上了年纪也能长期保持。

教师工作要从年轻时就开始，在能够发挥上述优势的场所(课堂) 反复实践、体验，这样才能提高自己的教学能力，其中也有教师无法提高教学能力。

一般来说，成为教师的动机有这些特点。

①成为教师的动机大约在 20 岁之前形成。

②成为教师的契机多种多样。

③学校的环境固然会影响人成为一名教师的动机，但是被学校录用为教师时，就已经定下 80％的动机。

与教师职业相关的专业知识有如下特点。

①只要有学习意愿，不管什么时候都能学会。

②掌握知识后不一定就能长期使用，由于社会和时代的变化，用旧知识、旧方法往往无法发现并解决新问题。

③通过实际体验积累解决问题的经验虽然可贵，但不是必需的。

招收怎样的学生

首先，招收什么水平的学生？比如高中毕业生、特修生(不具备日本高中毕业资格的学生)、大学毕业生、短期大学毕业生（编入生)、研究生等，这些学生的需求各不相同。

其次，通过实践性教学培养人才，满足学生和社会的需求。怎样教导那些不擅长学习的学生呢？教师要在友好的气氛中，不只是单方面地授课，应在课堂上让那些不擅长自主学习的学生，也能轻松愉快地提问（或搭话)，掌握学生的理解程度，因材施教，循循善诱。哪怕学生自认不会，轻言放弃，教师也要鼓励他们，告诉他们“你们能做到”。引导他们自主学习，这一点十分重要。

教师需要根据不同的学院、课程和目的，确定恰当的教学方法。这和让学生取得国家资格证书、培养学生考试能力和报告书撰写能力的教学方法完全不同。

有些学生毕业于一流私立大学的附属小学、初中、高中(例如早稻田、庆应、学习院、青山学院及其他大学的附属学校)，从小到大一路升学，直到大学都在同一名称的学校，拿这种学生与从外部考入的学生相比，会意外地发现他们的英语等科目的基本学习能力其实比较薄弱。同样，从短期大学编入大学本科 3 年级的学生，他们的基本学习能力一般也会比 4 年制大学的 1 年级起读的学生差上一截。

毕业于附属学校的学生学习能力比较薄弱的原因如下。

学生一旦进入大学附属小学、初中、高中后，就会自动升学，就不再需要参加激烈竞争，夺取升学名额，这样就会导致学生学习松懈。

当然也有可能是因为教师不知道如何去提高学生的能力，有的教师不努力教学，也不懂怎么去教。

有的学生虽然天生聪明、智力超群，但就是无法提高学习能力，而且自尊心很强。

通过考试考入大学的学生，都经历过补习班的学习，知道怎样掌握考试窍门，一般会自主学习，刻苦钻研，以便在考场中取胜。没有在补习班学习的经历，只是在普通的初中、高中的课堂里，学生是学不到这些秘诀的。

教师的问题——专业知识和智慧

要知道，一位拥有深厚的专业知识的老师，不等于说他就拥有丰富的教学智慧。这可能出于以下几个原因。

有些教师只知道服从上级的命令和指示，不去尽己所能刻苦学习，用知识来发现、解决当前问题，充分发挥自己的才干。

有些教师没有运用本书中传授的教学方法，也没有真正体验过成功的教学经验。

有些教师没有摆脱自己学生时代的体验、常识和理念，仍然坚持那些传统的、满堂灌式的老观念。

有些教师愿意把自己执笔的报告书让其他教师帮忙修改，借此得到别人的关注，而对于那些希望写出更好的论文，让自己的论文广为流传的教师而言，教师间的论文修改也能给自身提供成长的机会。但是事实上多数教师并不这么认为。

我们把这些因循守旧、固执己见的教师的表现总结为以下几条。

①教师不具备问题意识——比如主动思考这类问题："想把学生培养成学得好的孩子，该怎么做才好"，"怎样才能让更多的学生在课上写出一篇像样的论文"，"学生能否通过国家考试或公务员录用考试"。

②教师不具备思考能力、创造能力以及发现问题、解决问题的能力。

③教师没有充分备课就跑去上课，课上随便消磨时间，自作主张地宣讲过时的思想和知识。

④教师在课上没有仔细观察学生，即便学生尚未理解自己的讲话和观点等，也丝毫没有察觉，也不管学生反应如何仍继续往下讲。

显然这样的教师不能顺应时代的发展和变化，身为教育者，却缺乏探究教育本质应有的姿态！

另外，教师欠缺危机感。

作为教师，你经历过多少次考验自己"问题意识能力"和"精神层面能力"的场合？作为教师，你是否把学生当作顾客，站在学生角度，置身学生立场，教导学习有困难的班级学生，把学习有困难的学生教育成学得好的学生？你是否经历过多次这样的体验？作为教师，在引导那些不擅长学习的学生的时候，你的成效是否显著？是否能让学生以理性的态度来对待学习？事实上，优秀教师的实力正来自这些教学经验的点滴积累。

教师要传授给学生的是学习的乐趣。

学生只要能在课上轻轻松松地理解教师讲授的内容，就会觉得课上所学于己有用，就会乐意跟从教师。

没有一个学生会认为“听课听不懂也没关系”，学生上课听懂了会很高兴，就会要求教师进一步充实课堂内容。

教育效果提高和学生人数增加成正比

只要一所学校的教学效果好，那么学生就会慕名而来。如果把教学效果放在坐标的 X 轴，把学生人数放在 Y 轴，用图表来表示的话，那么当教师授课独具匠心、魅力十足，能够更好地满足学生需求时，X 轴的教学效果得到提高，那么 Y 轴的学生人数就会相应增长。在这个良性循环中，学校能否抓住学生的需求，满足学生的需求，无疑是显示学校优势的一大指标。如果一所学校只是简单罗列一些学科结构，高高在上，装模作样的话，那么这所学校是无法在现今这个竞争社会中获得立足之地的。

换句话说，学校如果只是喊喊口号，把学生能够取得的证书列举出来，不去关注教学效果，那么这样的学校可以说不具备教学实力，无法存活于世。

高校要经得起考验，就要用客观的数据说明该校的特点和优势，比如国家资格考试合格人数、公务员录用考试合格人数，这些都是铁一般的事实，具有说服力，能够打造学校的特色，增强学校的吸引力。

符合时代需求、创新型学校成功经营之原则

成功原则之一：首先要思考“学生需要什么”，整个学校的经营管理都从满足学生需求开始。

我们不要去思考“购买这款商品的客人（选择这种教育方式的学生）是谁”，而是要思考“客人想要的商品（学生想要的教育方式）是什么”（“教育”如同“商品”，包含学生接受教育后可以获得的资格证书和能够找到的工作）。

教师的教学方法重在符合学生的水平，满足学生的需求，教师不要反过来让学生配合自己的教学方法。正因为教师用的教案多年都不曾改变，在课堂上单调乏味地捧书朗读，导致教学气氛沉闷，不能满足学生的需求，所以学生才会在课上睡大觉，在后排聊天，用手机互发消息，跟不上进度。越是这样上课的教师，就越会找借口埋怨：“学生素质差，一点都不想学习。”

教师上课要满足学生需求，保持轻松风趣的课堂气氛，配合学生的水平，热心地展开教学。学生的需求就是获取学位和国家资格证书，通过公务员、教师录用考试，找到一份好工作，有安定的生活和稳定的收入。学生如果有这样明确的目的，就会去好好学习。东京福祉大学内的任何一个学习中心都能够提供有效教学的课程体系（各院系课程编排）和人力资源体系（优秀的教师和员工）。

宣传学校时需要让人一眼就能看出我校与其他学校的陈旧体制和教学方法上的根本区别。

通过实施以上两点，关键是要让学生感到我校教学方式有别于旧式传统高校，倘若考进我校，在全新、优秀的教学体系下学习，就能给自己带来实际利益，最终让学生选择进入东京福祉大学。

为了让大学的教育满足学生的需要，就要在教室里用“苏格拉底式对话”[①] 的方式当场问出学生心里的想法。教师的课堂教学不能只是自我满足式地、自顾自地在讲台上念经，却不去聆听学生的心声。

为了做到这点，应合理调查、正确把握学生需求，有的放矢地展开教学；保存数据，比如每个学生的考试分数（因为采用了这种教法，所以学生取得了这样的好成绩，写出了这样的论文和报告等），这两点都需要做到。

教师并非要全盘遵照顾客（学生）的要求来做，如果囫囵吞枣地接受学生的要求，反而会导致失败。当然，这并不是说不顾学生的诉求，而是要思考学生话语深处的真正含义是什么。

高校虽然为满足学生的需求而增加院系和课程，帮助学生考取更多的资格证书，创建受学生欢迎的热门院系，但是同时需要彻底检验院系运营的性价比（价格和性能的比率），要在体制上追求简朴，养成崇尚节约的风气。

成功原则之二：明确与其他学校的不同之处。

基于《教育，重在提高后进生》《二十一世纪的大学教育

① 苏格拉底式对话：采用对谈的方式，以澄清彼此观念和思想的方法。

改革》(均由 Minerva 书房出版）展开有效教学，形成一套完整的教学体系，得到学生、家长以及高中教师等人群的广泛认可。

上述书本记载的教学方法在其他学校难以实施，因为其教师固执于过去的教育方式，他们积累的旧式经验已经根深蒂固，使他们难以接受新的教学方法。

成功原则之三：大学通过教育内涵和教学体系赢得生源，而不是依靠经营管理能力。

通过互联网和宣传册等传播手段，使用通俗易懂的语言，让高中生也能理解我校教学体系的优点。

我校教育体系的优秀之处，是通过客观数据（社会福祉士、精神保健福祉士国家考试合格人数全日本第一）证明的。

把我校特点讲得过于明确，大家就会担心被其他学校发现“秘诀”，但是真正的秘诀，与其说是教学体系本身，不如说主要体现在以下几点。

①重点在于全校教职员工发挥实践能力，把总长的理念付诸实践，采用有效课堂教授方法，提高学生能力，而不是依靠院系课程编排和教学体系本身。

②实践能力的第一要点，体现在我校教员的教学技能、总长的丰富经验和指导能力，能够满足各种水平学生的需求，能够展开富有实践性、有效果的教员研修活动。

③实践能力的第二要点，体现在学校的教学维持能力，能把教育服务作为一种商品提供给学生，并从各个方面做好保障(回应学生、管理教室、提供信息)。

④实践能力的第三要点，体现在支撑上述所有业务的持续能力、稳定能力和开发能力。

不仅通过网络媒介面向一般人群进行宣传，还要开展学校说明会，走入校园等体验活动，让教师直接参与入学咨询活动，从而让学生的满意度达到一个较高的水平。

成功原则之四：学校的实力虽然也和经营者的能力有关，但要使教育体系有效运转，最终依靠的是一线教职员工和学校的组织氛围。

成功原则之三中的教育体系的实践能力（技术能力、维护能力、持续能力、安定能力、开发能力）是教职员工应具备的能力。

对于学校经营者，也就是总长、理事长来说，按照上述成功原则调动组织气氛，维持组织水平，是一件至关重要的事情。

需要通过反复尝试、彻底纠错，创造新型教育体系，最终形成一个能培养出自主、有创新精神的学校管理人员和教职员工的环境。

成功原则之五：教师要摒弃旧式做法（旧式教育方法），认识到“教师需要自我改变”的重要性。

东京福祉大学和其他大学虽然都经营同样的商品（同样的院系），提供同样的服务，但是我们的运营方法、运营体系和其他学校完全不同。

学校为了招收学生而仓促设立新的院系和课程，这就像把点心店转变成海鲜店，定会导致失败，转型需要做好充分的准备。

教师自身存在下面的问题。

①考虑到学和不学工资都一样，教师自身没有一边学习，一边积累使自己变得优秀的经验。

②也没有培养出优秀学生的经验，如本书日语版《最新できなかった子（生徒）をできる子（学生）にするのが教育》(Minerva 书房出版）一书所述内容。

③没有跳出传统的意识和框架，教育观念陈旧老套。

教师要相信眼前学生的潜在能力。为了让学生达成目标，教师要做好充分的准备，怀有坚定的信念："我喜欢这些孩子，不管怎样都要把这些学生教好"，"你们肯定能够做到，跟着我学，你们一定能够成为聪明的学生"，"一定要让学生通过国家资格考试，教育公务员、地方公务员录用考试"。

教师必须勤劳刻苦，不能坐等明天，口称总有一天（比如10 年后）自己的教育就会见成效。我们要让教育立竿见影，让学生对自己的每一堂课都感到满意。

成功原则之六：开展符合时代需求的教育。

东京福祉大学的创立者中岛恒雄总长主张的教育方法正是符合时代需求的教育。

①培养优秀的专家（如保育士、幼儿园教师、小中高教师等人才），为超级少子化、高龄化社会做贡献，构筑丰裕而崭新的 21 世纪。

②随着福祉需求的多样化，社会福祉机构展开系列改革，培养符合时代潮流的专家（如社会福祉士、精神保健福祉士、

临床心理士、柔道整复师、理学疗法士、作业疗法士），让学生取得教师资格证书，获得理想的工作和稳定的收入。

③培养幼儿园教师、小中高教师（由于今后退休的教师数量庞大，再加上采用小班制上课，所以教师岗位需求量将会大幅度增加）。

④多数学生上大学就是为了毕业后有资格担任教育公务员或者地方政府公务员，取得一个稳定的岗位。高校需要满足这些学生的入学动机和对证书的需求。

如何让未养成良好学习习惯与自我管控力差的学生集中精神上课

近年考入大学的学生没有养成良好的学习习惯，自我管控能力差的学生屡见不鲜。

具体的例子有：

①上课睡觉或者聊天。

②不交作业，或者照搬全抄其他学生的作业。

③短短 90 分钟的上课时间不能安安分分地坐着听课。

④没有养成预习、复习的习惯。

但是，我们不能不分青红皂白地把这些学生全部视为“成绩不好的孩子”，“不爱学习的学生”。不管是什么样的学生，心里都会希望自己“能够学得好”，“能够通过录用考试，取得国家资格证书，找到一份好工作”，“能够拿高薪，取得稳定的社会地位，过上幸福的生活”，这是所有学生内心的真实愿望。

学生没有养成良好的学习习惯，自我管控欠佳的原因有以下几点。

①学生没有明确自己是为了什么而学习，即自己的学习目的。

②学生不知道自己为什么现在要在这儿学习，不知道现在的学习对于将来能起什么作用，这一点教师一定要在每次的课堂中进行说明。

当学生真切地感受到“现在努力学习，这份努力就会换来更好的未来”，“现在努力学习，对自己会有用”，学生就会去学习。

让学习习惯差，自我管控力低的学生能集中精神上课的对策有以下几点。

①切实履行中岛恒雄总长的教育理念和教学方法。

②为让学生在国家考试中合格，教师要用坚定的意志加以管教，“首先要让学生来学校”，“让学生来上课”，不来就不让学生参加考试。

③听说有些学校为了保持自己学校国家考试合格率而让学生留级后再考试，但是我校所有大四学生都必须参加国家考试。

④教师要勤于测试学生，分阶段地提高学生水平，让学生发自内心地怀有“我一定能行”的信心。

⑤教师不仅需要简单易懂地教导学生，还要负起责任，有坚强的意志，下定决心让学生掌握要领，通过国家考试，教师要坚定地相信学生一定能够做到。

⑥90 分钟上课时间，教师定要让学生集中精神听课。让

学生从教室的最前排坐起，男女交错排列位子（为了让学生保持紧张感），绝不放任上课睡觉的学生，并且让迟到的学生坐在教室前排。

⑦用心备课，摸索便于理解、便于记忆的教课方式（教师不能一直讲下去，要时不时营造沉默的间隔时间，让学生回味、记忆讲课内容，在学生完成理解和记忆之后，再一次让学生默读课文）。

⑧让学生好好地理解为什么学习是必需的。比如，在课上告诉学生通过国家资格考试将来能得到什么好处，得到多少好处。让学生感到“不学习就会吃亏”的道理（教师在课堂上讲解这一点）。

那些没有养成学习习惯，不会自我管理的学生，就因为不擅长死记硬背式学习，所以被贴上了“学不好”的标签，他们缺乏学习之后，成绩得到提高，受到教师表扬的成功体验。对于这些学生来说，在短时间内要通过有效的教学方法提高他们的学习能力，让他们变得“会学习”，“能写出论文和报告书”，“能在小测验中取得好成绩”，要多表扬他们，让他们真实感受到自己的进步，不断地经历一次次的成功。

如今，教育机构也和普通企业一样，开始步入激烈竞争和优胜劣汰的时代，包括独立法人化的国立大学在内，所有大学都在为生存而进行改革。我听闻即便是理事长等高层经营人士都主张改革，然而那些意图守住既得权利，维护传统教法的一线教授们对改革的反应却十分迟钝。

日本的教育界效仿美国法学院的做法，认可法学院、专门职业型研究生院、企业大学等机构，开展了一系列的改革，但还是缺乏针对教育层面的改革，本科、研究生院学生的能力有待提高。日本不少研究生院毕业生基本能力较差，在企业就业后，如果不参加企业内部研修接受企业的再次教育，就无法胜任工作。企业的招聘负责人感叹道："真希望高校研究生院能好好教育学生。"

最后，我想引用有关大学改革新闻报道专栏中的一段话：

"只有拥有优质的教学方法，培养出通用于社会的优秀人才，高校才能得以幸存。在这个优胜劣汰的时代，高等教育需要的是真正的教学能力，而不是流于表面的宣传口号。"[《日本经济新闻》2005 年 2 月 28 日，连载栏目"'高校动向'系列报道 (4)：研究生院'膨大化'的后果"]

所谓高校实力，就是拥有出色的教学能力。优质的教育，重在提高学生学习成绩。

附录六：东京福祉大学创立者中岛恒雄博士的成长经历及教育理念

寄望于校徽上的茶屋船

大家都注意到中岛恒雄博士创办的东京福祉大学及专门学校校徽上的一艘古典船只吗？这是《茶屋船交趾[1]渡航贸易绘卷》（爱知县指定文化财产）中描绘的横渡大洋的茶屋船——其原型是“朱印船”，受德川家康的朱印公文许可，于江户初期活跃于国外贸易的皇家御用船只。当时的朱印船贸易航道是联结日本和国外的官方贸易路径，肩负着日本社会国际化的使命。当时从事朱印船贸易的负责人，就是被后世誉为京都三大富商之一的茶屋中岛氏。

东京福祉大学的创立者、总长中岛恒雄博士正是这位名为茶屋四郎次郎清延的第 17 代直系子孙，尾州（名古屋旧称）茶屋家的当家。首代茶屋四郎次郎清延曾与德川家康友情深厚而闻名于世，朱印船贸易从第三代茶屋四郎次郎清次开始，航

① 交趾：当时的交趾国，即现在越南中部地区。

海范围从当时的交趾国（现在的越南中部地区）开始向东南亚各地区扩展。

《茶屋船交趾渡航贸易绘卷》(部分)

校徽上的茶屋船是我校的象征，意味着我校将日本的教育和美国哈佛大学、福特汉姆大学等一流大学的教育学研究生院的有效教学方法融会贯通，培养出能够展望世界、活跃于国际社会、顺应新时代发展的优秀人才。

2023 年正值日越建交 50 周年，2023 年 9 月 26 日，《中日新闻》报道了秋筱宫文仁亲王夫妇访问越南，介绍中岛恒雄博士的祖先茶屋家的事迹。

越南当地时间 9 月 23 日下午，文仁亲王夫妇访问了越南的会安市，参观了全长 10 米的木制朱印船复制品。当时的朱印船贸易，在如今看来就像太空中航行的飞行器般危险。中岛博士的祖先冒着命悬一线的风险促进了日本与世界的交流。中岛博士为继承这种精神，在创立东京福祉大学时采用朱印船作为学校校徽，并称："为了不辜负祖先，继承先辈遗志，我将深耕教育行业，为日本未来的发展和年轻人做出贡献。"

首代茶屋四郎次郎清延与德川时代

茶屋本姓"中岛"，源于清和天皇的武家名门——小笠原源氏。茶屋四郎次郎清延的祖父宗延那一代，因为在山城国(现京都府）中岛郡持有封地，故得姓“中岛”。当时室町幕府的将军足利义辉经常拜访中岛氏的宅第，与千利休[①]齐名的茶道大师茶屋四郎次郎明延常常以茶相待，于是，中岛氏由此开始使用“茶屋”作为自家屋号（店名)。尾张茶屋家至今仍然保留着江户时代向德川幕府提交的申明其世系渊源的《由绪书》(出身与履历书)。

茶屋四郎次郎清延夫妻像

茶屋家与后藤家、角仓家并称江户初期的京都三大富商，是人尽皆知的大富豪。如前所述，茶屋家是清河天皇后裔的源氏的后代，武士血脉代代相承。首代茶屋四郎次郎清延自年轻时就侍奉于德川家康近侧，为家康统一天下大业做出了不可磨灭的贡献。德川家康每到京都，都会借宿茶屋四郎次郎清延的宅第。史书上记载清延与德川家康一同出征战斗达数十场之多，表现出清延除了有经商才华外，亦有武士的刚勇魄力。德川家与茶屋家的这种亲密关系，持续了数代之久。

在清延的累累功绩中，最为人熟知的当数协助德川家康渡过其人生中最大危机的“伊贺穿越”事件。天正十年（1582年）爆发了“本能寺之变”(明智光秀谋反织田信长)，信长被

① 千利休：日本茶道的代表人物。出生在明朝中期的日本战国时代。

迫自杀。当时正在大阪堺市游玩的德川家康随即得到信息，报信者正是茶屋四郎次郎清延。

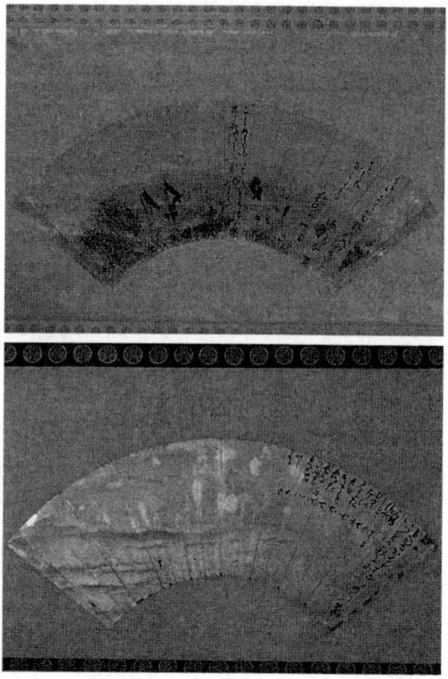
德川家康亲笔题写的扇面和歌

家康把扇子赏赐给茶屋四郎次郎清延，后由清延的三子新四郎长吉保管，尾州茶屋家代代相传。

家康来堺市原本是为了购买火枪，当时他身边只有几名亲信随从，军备不足，因此必须立刻返回位于三河冈崎（爱知县）的城堡，且途中不得不穿过山贼和忍者经常出没的伊贺山道（三重县）。这就是家康人生中被称为最大危机的“伊贺穿越”事件。当时“本能寺之变”的消息已在伊贺传开，家康处境危险，既没有充分武装，随从人数又少，这一路对于家康一行而言极其凶险。幸好家康身边有茶屋四郎次郎清延一路保驾，面对那些沦为山贼大盗的伊贺地区的逃亡武士与村民，清延挺身而出，招呼道：“给家康大人行个方便。”时而用银钱打发，时而加以威胁，强迫他们让道，千方百计地确保家康旅途安全，让家康毫发无损地到达三重县的白子滨畔，最后坐船抵达冈崎。由于这一功绩，清延被称为家康的救命恩人。倘若没有清延的帮助，家康极有可能途中丧命，那也就不会再有德川幕府，日本历史也将会变得截然不同。

织田信长死后，丰臣秀吉掌握了天下。茶屋四郎次郎清延来往于丰臣秀吉与家康之间，使两者保持良好关系，并且不断收集京都的信息，汇报给家康。清延运用自己收集信息和分析信息的能力，发现问题和解决问题的能力，在暗地里继续支持家康一统天下。

茶屋家的第二代茶屋四郎次郎清忠也侍奉家康，在京都管控城里的手艺人和商人，维持国家治安。第三代茶屋四郎次郎清次得到家康的许可，开始朱印船贸易，前往安南国（越南）等地通商往来，推动了江户初期日本社会的国际化发展。尾州的茶屋家向情妙寺（位于名古屋市，茶屋家的菩提寺[①]）捐献了《茶屋船交趾渡航贸易绘卷》，此图反映了当时国际贸易的状况，是珍贵的文化遗产，也是爱知县的指定文化遗产。从这幅画卷上能看到，茶屋船的船员总计 300 多人，还有尾张茶屋家第二代茶屋新六郎向交趾国国王呈献贡品的场景。

茶屋家后来按地区另立门户，分为京都的本家、尾州（名古屋）的新四郎家和纪伊的小四郎家。尾州和纪伊的茶屋家也都作为德川家的近侍和皇家商人伺候左右，在江户（东京旧称）也拥有宅第（茶屋家的江户宅第旧址现在位于日本银行总行附近），还在朝廷（幕府）为将军裁剪和服，服侍在将军身边。此外，尾州的茶屋新四郎长吉供职于尾张德川家，从事各

① 菩提寺：把历代先祖摆设其中，举行葬礼或法事的寺庙。

种工作。他曾负责过朱印船贸易，因为锁国，国际贸易被终结后，他转而在国内开发新田①。名古屋市港区至今保留着“茶屋新田”“后新田”的地名，面积达 212.085 万平方米，规模宏大，相当于名古屋市一个区。

名古屋市教育委员会制作的展示尾州茶屋家旧址的告示牌

如今，在名古屋城附近的尾州茶屋家府邸旧址上建立了学校法人茶屋四郎次郎纪念学园名古屋福祉保育柔整专门学院，中岛博士以此歌颂先祖的丰功伟绩。

时代的变化与茶屋家的衰落

江户时代，世代侍奉德川幕府的茶屋家虽然十分繁荣，但是在江户时代结束后，随着时代的变迁，茶屋家也逐渐走向衰落。因与德川幕府关系亲密，作为德川家的特权商人由盛到衰，这在当时也有无可奈何之处，其原因简而言之，就是没能顺应时代的变化。三井家创立了三井银行、三越百货等，住友家创立了住友银行、住友矿山等，名古屋的伊藤家创立了松坂

① 新田：江户时代的一项农业政策，德川幕府成立后开垦的耕地称为新田。

屋和东海银行，它们在当时开始繁荣，这些商家经历了明治维新等时代的变革，至今声名显赫。而武将出身（相当于江户时代士农工商身份制的“士”的阶层）的茶屋家，有别于三井家、住友家、伊藤家的商业才干和庶民气息，在历史的长河中走向衰弱。

进入明治时期后，来自幕府的俸禄被切断，茶屋家失去收入来源，此后长期以变卖家产来维持生计。中岛恒雄博士的父母身为名门茶屋家之后，为不辱家门一直勤勤恳恳工作。但在第二次世界大战期间遭遇空袭，祖传家业和土地几乎全被烧毁，因此到中岛博士这一代，祖辈流传下的就只剩茶屋家的历史功绩了。

中岛恒雄博士的母亲中岛范，现任学校法人茶屋四郎次郎纪念学园理事长，大舅八木富三氏是东京福祉大学短期大学第一任校长，战前是名古屋著名资本家。八木氏是名古屋高尔夫俱乐部和合球场（举办过中日皇冠杯高尔夫淘汰赛，是东海地区历史最悠久的名门高尔夫球场）的首任理事长（该俱乐部第二任理事长是松坂屋的创始者伊藤次郎左卫门氏）。八木家因为后继无人，没有留下本家，只留下另立门户的家族。中岛范的父亲（中岛博士的外公）曾是三和银行（现三菱东京 UFJ 银行）系列银行的行长，但是该银行在大正末期因遭遇经济危机而破产（当时正值 20 世纪末的泡沫经济时代，不少银行相继倒闭或者合并）。可见，即使是名门家族或企业，如果没有察觉到时代的新变化，做出及时的反应，终究会面临倒闭的命运。

茶屋中岛家在当时虽然不及江户时代那么繁荣，但终归是名门世家，因此中岛修氏（中岛恒雄博士之父）门当户对地迎娶了当时承继着商家名门血统的千金小姐中岛范。

教育开创人生

世界各民族中，犹太人称得上最重视教育的民族之一。纵观历史，犹太人在中世纪因宗教在世界各地受到迫害，第二次世界大战前很多犹太人惨遭纳粹追杀，他们舍弃家产，只身逃亡，或移民美国，或亡命天涯。犹太人在移民国家里最先考虑教育问题，不管移民到哪个国家，都力争去知名学校接受良好教育。因为犹太人认识到，只有自己受到的教育才是“不会被任何人夺走”的财富，这是犹太人的生存智慧。即使所在国家政权突变，个人财产都被没收，自小接受的教育和掌握的实用知识却是别人抢不走的。这就意味着，只有教育才是真正的财产，是开拓人生的金钥匙。

前述的八木富三氏等母方的亲戚，很多毕业于庆应义塾大学，也有一些毕业于东京大学，而中岛修氏及其兄弟或亲戚很多毕业于早稻田大学。已故的中岛修氏，倘若健在现已 94 岁，毕业于现在的早稻田大学商学院。而母亲中岛范则是专攻科（相当于现在的研究生院）毕业。

中岛恒雄博士从父母身上看到了教育的重要性，热衷教育的家庭环境赐予了中岛博士立身教育界的原动力。

中岛博士步入青年后憧憬“士魂商才”，立志考进一桥大学经济学院，所谓“士魂商才”是指既有武士的高昂斗志，又有商人的经世才干。但现实往往十分残酷，实现梦想绝非易事，高考失败了。梦想破灭后，中岛博士曾一度想放弃读大学，但是周围亲友的劝说让他认识到若不是大学毕业，将来就无法施展才华，因此中岛博士又改变了主意，进入了学习院大学法学院法学系。

与指导教授巴拉塔博士的合影
（福特汉姆大学教育学研究生院毕业典礼）

中岛博士的父母想要重振家门，心里向往祖辈生逢其时、踌躇满志的光辉岁月，虽然感慨今非昔比，但仍想重振家业，在世人面前争一口气。一想到父母的愿望，中岛博士就经常焦虑不安，无论如何都想在世上有所作为，寻觅一条报效社会、实现自我的出路（中岛博士直至初中才得知自己是茶屋四郎次郎第 17 代直系子孙）。

中岛家虽已没有财产，但父亲中岛修氏认为“坚持就是力量”“接受的教育和掌握的知识是夺不走的”。在父亲的古希腊斯巴达式的严格教育下，中岛博士全力对待每一件事情。比如体育运动，中岛博士读小学和中学时参加了游泳社团，高中、大学时参加了柔道社团，虽然柔道技术掌握得不太好，但是怀着坚持就是力量的信念，勤奋练习，最终在 32 岁时在东京知名柔道道场讲道馆取得了柔道黑带四段的成绩。在学习方面，中岛博士每天清早 6:15 收听 NHK 的英语广播，重点学习英语。其实他本身并不愿意学习英语，是父亲在旁严格管教，强行逼迫，他才早起学习。但是得益于父教之严，中岛博士最终去美国留学，在与上智大学同为天主教派系的一流大学福特汉姆大学取得了教育学博士学位。

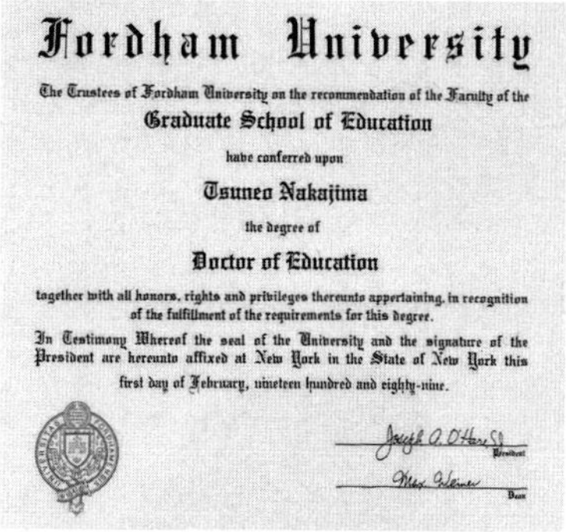

Fordham University

The Trustees of Fordham University on the recommendation of the Faculty of the
Graduate School of Education
have conferred upon
Tsuneo Nakajima
the degree of
Doctor of Education
together with all honors, rights and privileges thereunto appertaining, in recognition of the fulfillment of the requirements for this degree.
In Testimony Whereof the seal of the University and the signature of the President are hereunto affixed at New York in the State of New York this first day of February, nineteen hundred and eighty-nine.

President

Dean

在福特汉姆大学取得的教育学博士学位证书

之后，中岛博士成为学校的经营者，作为教育学博士开辟了新的未来，这都归功于父亲的严格教导。中岛博士感慨万分地称自己在 45 岁后终于感受到父母的良苦用心，也领悟到父母的教导之恩。

作为教育者的征途

1968 年（昭和四十三年）2 月，21 岁的中岛恒雄博士借了父母 5 万日元，作为创业资本，在自己租住的东京丰岛区杂司谷的 4 个半榻榻米大小（7 平方米）的公寓里，创立了英语会话社团“英语会话乐学会”，中岛博士作为一个小型学校经营者开始了创业生涯。因为当时大学毕业生的初薪不到 3 万日元，所以这对当时还是大学生的中岛博士来说是一个重大举措。一个 20 多岁的年轻人，没有地位，没有靠山，更没有令人瞩目的业绩，除了擅长英语口语以外，当时的中岛博士没有显露出其他才能。他之所以决定从事教育事业，也可能是因为他觉得没有其他出路才这样决定吧。

从“英语会话乐学会”开始，中岛博士尝试了各类学校的设置认可申请，2000 年 4 月创立东京福祉大学，2003 年在该大学设立研究生院硕博课程，2006 年设立短期大学本科儿童系，他经历的路程绝非平坦大道。

当时中岛博士在报纸兴趣学习栏上投广告，招收 50 名学生，结果前来报名的却只有 3 人。从英语会话社团到今天，中岛博士的学校经营之路，其实是一条充满汗水与泪水的艰难之路。

中岛博士把东京 4 个半榻榻米大的公寓房间作为办公室，借用公民馆的教室上课，这样奋斗了 6 年，在 27 岁时事业有所进展，办公室和教室都搬到了附近东池袋的一栋杂居大楼，教室和办公室加在一起共租了约 33 平方米，从窗外可以看到当时日本最高的建筑——阳光 60 大厦。中岛博士暗下决心：“我将来也要进军阳光大厦。”当时他创办的英语学校规模小，资金回笼不理想。但在 31 岁时中岛博士终于如愿搬入阳光 60 大厦 9 楼，租到了当时能够承受的最小面积约 130 平方米的屋子，为资金周转费了一番苦心。无论是现如今的少子高龄化时代还是过去，中岛博士历经艰辛，而每次渡过难关、克服困难，又让他感受到万分喜悦。

中岛博士一直在探索语言教学的有效方法，他在东池袋创办了一所小规模的专门学校。36 岁那年，他决心赴美留学，

东京福祉大学正门

在英语母语国家进一步提高英语能力，在美国的研究生院钻研有效的教育方法，立志成为一名真正的教育者。37 岁去美国留学，又花上整整 5 年时间在美国研究生院接受高等教育，一直坚持到 42 岁毕业，这样的创业者在日本再找不出第二人。对于补习班和专门学校的经营者来看，此番举动着实惊天动地。

中岛博士认为“培育出好学生才能称作好教师”，他经营的学校追求优质课程，他一边告诫教师要不断学习，一边也在自我反思，督促自己不断学习提高。中岛博士当时虽然已经大学毕业，但他并没有感到大学本科的学习真正帮他提高了能力。当时日本的大学简直是个游乐场，几乎没有教师在琢磨用什么教学方法才能提高学生的能力。

福特汉姆大学研究生院（纽约市）

为了研究有效的教学方法，中岛博士前往纽约福特汉姆大学留学，在教育学研究生院攻读硕士学位，该大学和上智大学同属罗马天主教派系，是一所名牌大学。作为一名外国留学生，在接受美国研究生教育的同时，中岛博士亲身体验美式教育如何要求学生刻苦上进，如何锻炼学生的学术能力。虽然中岛博士不习惯美国的课程要求，但总算完成了相当艰苦的学业，一年后顺利毕业，拿到硕士学位。但是接下来的博士课程却更加难熬，从入学到最后通过论文答辩，中岛博士整天都在聆听教授的严格说教，接受严苛的指导，学习如同受虐一般，经常学到疲惫不堪。42 岁那年中岛博士终于学完博士课程，取得教育学博士学位，此时中岛博士已经得到磨炼，可以接受不同教授的不同想法，适应他们的不同标准，他感到自身的成长，深刻体会到“学习了，就必须改变自己，让自己变得更加优秀”的道理。

中岛博士 47 岁时被聘为哈佛大学访问学者，进一步钻研了有效的教学方法，他总是把学生的想法放在心上，考虑学习者的立场和水平，立志打造一个方便学生学习的环境。幸运的是，中岛博士在 52 岁时创立了东京福祉大学，55 岁时又在该大学成功设立了研究生院博士课程。通过函授教育，学生可以半工半读，无论是谁，不管何时何地，都能接受大学课程和研究生课程的学习，而且在大学里学生可以和教授一起研究现实问题，这样的大学真可称得上一个理想的教学研究单位。

哈佛大学

力创对社会有用的学问

中岛博士对东京福祉大学及分校的教职员工像口头禅似的常挂在嘴边的一句话就是："做学问，就要发现并解决现实问题，对社会做贡献。"高等教育机构的使命就是为学生提供学术性和实践性的知识，而学习者的使命则是把学术性、实践性的知识应用到实际的社会生活中去。这就是中岛博士在美国哈佛大学等高等学府苦心钻研，自行琢磨出的道理。

哈佛大学夏季短期研修期间中岛博士与文艺学研究生院院长的合影

学问和理论本来就应该取材于现实世界中发生的问题及其解决方法，并且将其组成一个有机的系统。为了国家和人民的幸福，将理论学习作为解决现实问题的一种手段，这种想法是毋庸置疑的。然而，从美国留学回到日本的中岛博士再次意识到，在日本，"学问"这个词对一般人而言高深莫测、晦涩难懂，充斥着拒人于千里之外的深奥术语，给人一种与现实脱节、毫不实用的高级货的错觉。

中岛博士并非一开始就接受了美国的优秀教育，他的硕士和博士学位虽然在美国获得，但是学士学位是在日本学习院大学法学院法学专业取得的。他感觉日本的大学传授的知识大多是些莫名其妙、复杂难懂的理论性学问，不由让人怀疑在讲台上讲解的教授自己是否真的弄懂了其中的意思。当然，对于学校传授的实用型法律知识而言，中岛博士还是能够切身感受到其中的用处。在这个背景下，中岛博士赴美后第一次意识到学问是一种能改善现实的手段，必须让学问起到实用的效果。

这些年来，中岛博士为了帮助学生更好地理解学问，埋头把高深的知识融入简明易懂的学术性书籍，但是这种用简单明了的文字讲述学问、出版书籍，方便普通读者理解的种种尝试，却很难被日本学术界接受，这到底是为什么呢？中岛博士认为，日本的大学之所以在国际社会上缺少竞争实力，就是因为从事学问的人们执着于自己的"狭隘的部落社会"（把墨守成规的封闭社会比喻为部落社会），死守着不适时宜的高校组织运营方法。那种认为学问高深莫测，学问与现实社会的问题无关的错误想法，正是由此而生。

此外，日本的高等教育机构尚未建立起一个能够提高学生能力，让学生拥有卓越才华的教育系统，这也是日本社会的一大问题。日本的研究生院虽然想招收有求知欲望的学生来好好培养，但是学生入学后，研究生院却认为"学习好坏要看学生自身的努力和干劲"，而且这种想法根深蒂固。学生在毕业前要是还不懂如何做学问，那全因为"学生自己没有好好学习"，把责任全推在学生身上，大学不负任何责任。但是，在美国的研究生院，学生最起码要做到上课全勤，而且不能只是单单坐在教室里，必须参与课堂，如果不积极发言，不主动提问就得不到好成绩。美国研究生院的学生各门课程在 1 学期（3 个月）里必须提交 3 份报告书，如果修 4 门课程的话，那么总共就要提交 12 份报告书，经历多次修改，直到改得足够完美。学生整日学习，忙得连睡觉时间都没有。此外，从另一个视点来说，美国人一般在大学本科毕业后，先进入社会工作，积累社会经验后再进入研究生院进修。如果学习社会福祉学就在福祉工作现场，学习教育学就在学校教育一线积累工作经验，随后再在研究生院学习如何从理论角度解决现实社会中面临的问题。与此相反，日本的大部分学生都是直接从本科毕业升入研究生院，因此学生不清楚现实社会的问题，容易变成脱离现实、缺乏社会常识的人。

哈佛大学、福特汉姆大学

举办的夏季短期研修

日本的研究生院里虽然也有一部分好好学习的学生，但是如果撇开那一小部分好学生，大多数学生基本都不好好学习，毕业时的学习能力反倒比入学时退步不少。相反，美国高校强迫学生学习，大部分学生都在好好学习，每一学期、每一学年，学生的学习能力都在提高，等到拿到毕业证书时，就像脱胎换骨似的变得十分优秀。

中岛博士 42 岁时在美国取得教育学行政管理博士学位，他的研究正如本书所述，深入考察了针对日本人的有效教学方法和有效教育机制。完成博士学位论文回到日本后，中岛博士虽然一直忙于学校的经营管理业务，但也会挤出点滴时间，用浅显明了的语言表述自己对教育方法论和大学教育改革的建议。如在《二十一世纪大学教育改革》（Minerva 书房出版）一书中，中岛博士向教育界明确提出了问题的所在和解决的方法。中岛博士的文章被广为传阅，在文部科学省推动大学教育改革，也就是在大学审议会“21 世纪的答复”上产生了很大的影响。中岛博士所提倡的教育方法，确实具有实践性、富有成效，以中岛博士的教育理念为基础建造的学校也确实培养出了众多的优秀人才。

现今社会纷繁复杂、变化莫测，社会急需的人才必须具备发现问题、解决问题的能力。为了了解不同人士的不同想法，学生不要只跟随一位教授求学，也不要以为只有自己恩师的学说才正确，我们的教学系统应该让学生跟随多名指导教师，这些教师具有不同的人生经验、学历背景，能够让学生学习到不同的思考方式。今后日本的大学、研究生院也应该建立这种新型、优质的教学指导体制，让教学方法更通俗易懂，让学生更好地提高能力，培养他们的思考能力、理解能力、阅读能力和写作能力。日本要想在纷繁复杂的国际社会生存下去，就必须培养能够跟得上时代变化的优秀人才。

中岛博士担任总长的东京福祉大学及专门学校，为提高学生的种种能力，开展着让学生自主参与讨论的“苏格拉底问答式”课程。学生与不同身份背景的人群对话，倾听他人的意见，明白“自身的无知”，锻炼自己的思维能力，这种教学方式在日本的其他大学里极其少见。在日本，大多数人都认为只有恩师的学说才正确，把别人的意见当作噪音，要么置之不理，要么作为异己势力加以攻击。但是，现代日本社会价值观趋向多样化，社会结构剧烈变动，正是在这种日新月异的大环境下，才更需要把他人的意见和书本知识作为新的信息来源，从中找出解决问题的最佳方法。

东京福祉大学的教育水平

东京福祉大学于 2000 年建校，当初因为是一所新设大学，几乎谁都可以轻松入学，所以并不被世人看好，且偏差值较低。建校第一年入学的第一届学生中，有学生说："其实我并不是想去东京福祉大学，而是想去著名的日本社会事业大学。"有学生说："因为考日本福祉大学落榜了，只好进东京福祉大学。"更有个别学生说："我有自己的梦想和憧憬，到现在都没有放弃。"个别学生从 2 年级升 3 年级的时候，参加了其他大学的 3 年级编入考试，转学他校。但是，东京福祉大学的学生通过社会福祉士、精神保健福祉士国家资格考试的人数超过其他大学。全日制第一期学生（偏差值低，学习差的学生）毕业的 2004 年，以及随后的 2005 年，东京福祉大学连续两年合格率日本第一，远远高于创立 50 年以上的传统历史名校和入学考试偏差值高的大学。如此卓越的教学效果，其秘诀究竟在哪儿呢？

中岛恒雄博士经营的东京福祉大学及其他研究机构，除了福祉、保育专业外，还设有理学疗法系、作业疗法系、柔道整复系等医疗类院系。这些院系的学生在专科学校毕业的同时，通过学习东京福祉大学的函授课程还可取得学士学位，他们真正的目标是在取得学位的同时，通过理学疗法士、作业疗法士、柔道整复师的国家资格考试，毕业后在各自的领域当一名医疗专家（理学疗法士、作业疗法士是康复专家；柔道整复师专门负责“接骨”，是不依靠药物或手术，动手治疗骨折、扭伤、脱臼等身体故障的专家）。中岛博士对这些医疗专业的学生也采用独自开发的教育方法，为了让所有学生都能通过国家资格考试，亲自传授医学科目，诸如生理学、运动学、解剖学等。新来的教师为了亲身体验和学习中岛博士的教学方法，也和学生同堂听课。于是中岛博士在课堂上十分忙碌，既指导教师又指导学生。

医学类的科目，比如解剖学、生理学等科目的教科书里有很多难懂的专业术语，非专业人员想读都读不懂，更别说高中刚毕业的年轻学生，他们初学专业知识时根本理解不了课本内容。医学专业的教师（医学院的教授和医生等）来教课的话，就像教授大学医学院的学生一样，使用晦涩的专业用语，讲授连别的专业的教授都难懂的内容，这样的话，专科学校水平的学生就完全理解不了课堂内容，因为听不懂，所以学生对课堂内容不感兴趣，学习能力得不到提高，考试分数自然也就不理想。

中岛博士创办的东京福祉大学开设理学疗法系、作业疗法系、柔道整复系的第一年，医疗相关领域的各位专家教师齐声反对中岛博士的观点，不愿采用他的教学方法。他们异口同声地说：“医学类课程和福祉学、保育学类课程不同，中岛总长的教法行不通”，“专业术语说到底还是专业术语，不能替换为简单的语言，也不可能简单易懂地教”，“专业术语不去详细解说是不行的”，“不能降低教学水平”，“医疗类课程只能采用单向式授课方式”等。

越是专家教师，就越会固守自己学到的老套教学模式，即使是年轻人也不例外。他们认为所谓授业传道，就是把自己掌握的专业知识教授给学生，详细解说一个个难懂的专业术语，除了教科书，还给学生分发大量讲义。课上教师自上而下单向授课，唱独角戏，大部分学生根本听不懂教师的讲解，看着手上高深莫测的讲义内容，头脑越发混乱。结果在国家考试的模拟测试中，学生根本拿不到好分数，也就是说，当时几乎所有学生都无望通过国家考试。

身为专家的教师纷纷表示：“中岛校长不是医疗类的专家，让这么个外行来教课怎么能提高学生的能力?”还有教师表示：“学生学习能力没有提高是学生的责任，考试考不过是因为招收进来的是学不好的学生。”更有教师称：“从没见过这样不好好学习的差生”，“学生今年肯定考不过，只好等明年再考”。对此中岛博士的反驳明白畅快：“我虽然不是福祉、医疗领域的专家，但是我是教育方面的专家，我的教学方法很专业。”

很多培养理学疗法士、作业疗法士的学校为了提高国家考试合格率，不让成绩差的学生参加考试，去除拖后腿的因素。中岛博士强烈反对这种做法，认为学生既然付了高额学费，就应该让全体学生都参加国家考试，让大家都能取得合格的成绩。

中岛博士站在讲台上，面对同样什么都不会的学生讲授相同的国家考试科目，之后，几乎所有的学生都能得到满分。也就是说，这些学生蜕变成了能在国家考试中合格的“学得好的孩子”。

中岛博士的授课方式合理且有效，融合了他在福特汉姆大学教育学研究生院的亲身经历，以及在哈佛大学教育学研究生院的研究成果。中岛博士每天早上三四点起床，亲自解答各种国家考试的历年真题，精心备课，合理地、有针对性地为学生抓各个科目的重点。在上课时提醒学生：“这是重点，只要牢记住这一点就行。”他不讲深奥的知识，也不发多余的讲义和资料，他始终贯彻“教师不能什么都教学生”，“不是教师教学生，是让学生自己学习”的原则。当然，教师要做必要的说明和最基本的讲解，简明扼要地点出重点，让学生彻底理解后再去记忆知识，而不是去讲多余的内容，以免让学生头脑不清晰。中岛博士的讲解简明扼要，富有感染力，学生绝不会在课上打瞌睡，全体学生都能积极参与课堂，即使是成绩差的学生也会脱胎换骨地变成学得好的优秀学生。中岛博士上了 1 节课，课后用国家考试真题进行随堂小测验，结果大部分学生都考了满分。这些学生在其他专家（应该算是专家）眼中根本不值一提，称“没见过这么差劲的学生，一群没有教育价值的学生”。学生都是一样的学生，中岛博士选用的题目也并非学校自己出的测验题，而是国家考试真题，结果这些学生都蜕变成了聪明的学生，在测验中得了满分。

看到学生的变化后，当初对中岛博士的教育方法持怀疑态度的医疗类专家教师开始反思，改变原先的想法，开始愿意采用中岛博士的教学方法。目前东京福祉大学及其分校的国家考试培训课上，第一节课都由中岛博士亲自上课示范，告诉教员："要用这种方法上课。"在接下来的课堂上，专职教员采用同样的讲授方法，保持高效的教学水平。

有人说，学生入学后应由学生自主学习，或者让学生到大学以外的国家考试补习班上课，但是中岛博士认为，这种学习方式不是大学教育应有的方式。大学应该让学生通过课堂上的学习，变得聪慧好学，这才是大学教育工作者的真正使命。"入学后你就会明白我们的教育能力与众不同，你也同样会闪闪发光！"东京福祉大学为了把这句话付诸现实，全体教职员工同心协力，砥砺前行。

日复一日的学习生涯

现在中岛恒雄博士几乎每天凌晨 4 点左右起床，抽出时间学习和写作，撰写的书籍主要是关于高龄人群福祉、保育儿童福祉等福祉类的主题。为了方便学生及普通人士理解，中岛博士在不断地学习探索、耕耘写作。目前已出版的主要著作有：《二十一世纪的高龄人群福祉和医疗——日本与美国》《新社会福祉概要》(均由 Minerva 书房出版)。

中岛博士一直在努力奋斗，自中学起就坚持每天清早收听英语广播，37 岁赴美，在研究生院潜心学习，直至今日，他一边经营学校，一边勤奋著书，齐头并进，乐此不疲。虽已年过 50，他依旧每天坚持学习，不断进取。当谈及动力来源时，中岛博士说，自己不想单纯依靠祖先是豪门的这一点自豪感来

得知文部科学省批准设立大学的内部消息后，喜悦之情溢于言表（摄于东京福祉大学主操场）

生活，而且，他相信每当自己攻克了一个难关，比如考上了好大学，取得了博士学位，这时最不应该沾沾自喜、停滞不前，因为这不意味着人生从此就会一帆风顺。一关过后，更应不断提醒自己设立新的目标，并为之努力奋斗。而且，中岛博士还说过，自己曾经有过特别强烈的自卑感，因为虽为名门出身却无丰足财产，自觉自己是如此稚拙，还因为羡慕别人如何优秀等。尽管心怀自卑感，但他把这种种消极情绪转化成前进的动力，挥洒汗水与泪水。在不断战胜失败的过程中，中岛博士最终在教育事业上取得了非凡的成就。

中岛博士常说，做学问和体育训练同出一辙，只有自己平日脚踏实地，努力取得好成绩，才值得称赞。中岛博士相信只有适应时代变化，拥有 21 世纪独有的教学方法，日本的前途才会变得光明。今后他也会不遗余力地采用简单易懂、效果显著的教学方法，培养优秀人才，为社会做出贡献。

附录七： 博士学位论文封面及邮寄单

Order Number 8918454

A CASE STUDY OF SUNSHINE COLLEGE'S POLICY AND

ADMINISTRATIVE DIMENSIONS FOR TEACHING

CONVERSATIONAL ENGLISH TO

JAPANESE STUDENTS

Dr.Tsuneo Nakajima
BA, Gakushuin University, 1973
MS, Fordham University, 1985
EdD, Fordham University, 1989

Mentor
Anthony N. Baratta, EdD

Readers
Rita Brause, EdD
Thomas Mulkeen, PHD

DISSERTATION

SUBMITTED IN PARTIAL FULFILLMENT OF THE REQUIREMENTS
FOR THE DEGREE OF DOCTOR OF EDUCATION
IN THE GRADUATE SCHOOL OF EDUCATION OF
FORDHAM UNIVERSITY

NEW YORK
1989

附录八：作者履历、作者创立的学校和研究机构及联系方式、作者专著

作者履历

教育学博士 中岛恒雄（Dr. Tsuneo Nakajima）

1947 年 6 月 26 日，生于爱知县名古屋市中区茶屋町（现在称为“丸之内”），清和天皇的子孙小笠原源氏后裔，德川家康的朱印船贸易商人茶屋四郎次郎清延的第 17 代直系子孙。

1974 年，日本学习院大学法学院法学系毕业，法学学士（B. A. in Law Gakushuin University / Tokyo, Japan）。

1985 年，福特汉姆大学教育学研究生院教育行政管理专业硕士课程毕业，教育学硕士（Master of Science in Education, Graduate School of Education, Fordham University / New York, NY USA）。

1988 年，取得教育行政管理学专业文凭（Professional Diploma in Administration and Supervision, Graduate School of Education, Fordham University）。

1989年，福特汉姆大学教育学研究生院教育行政管理专业博士课程毕业，教育学博士（Doctor of Education, Graduate School of Education, Fordham University）。

1989—1990年，福特汉姆大学教育学研究生院博士后研究员（Postdoctoral Study, Graduate School of Education, Fordham University）。

1995—1996年，哈佛大学教育学研究生院访问学者（Visiting Scholar, Graduate School of Education, Harvard University / Cambridge, MA USA）。

1996—1998年，福特汉姆大学社会福祉学研究生院杰出特聘教授（Distinguished Visiting Professor, Graduate School of Social Service, Fordham University）。

作者创立的学校和研究机构

学校法人茶屋四郎次郎纪念学园东京福祉大学本科及研究生院

学校法人阳光学园东京福祉保育专门学校

学校法人立花学园理学·作业名古屋专门学校

学校法人立花学园保育·介护·商贸名古屋专门学校

社会福祉法人茶屋的园特别养护老人之家立花之园白丝台

社会福祉法人茶屋福祉纪念会茶屋德重保育园

联系方式

1. 东京福祉大学本科及研究生院池袋校区

邮政编码：170-8426 地址：日本东京都丰岛区东池袋 4-23-1

Tel 81-03-3987-6602　Fax 81-03-3987-8403

2. 东京福祉大学本科及研究生院伊势崎校区

邮政编码：372-0831 地址：日本群马县伊势崎市山王町 2020-1

Tel 81-0270-20-3671　Fax 81-0270-20-3677

3. 东京福祉大学本科及研究生院名古屋校区

邮政编码：460-0002 地址：日本爱知县名古屋市中区丸之内 2-13-32

Tel 81-052-203-0576　Fax 81-052-203-0578

4. 社会福祉法人茶屋之园特别养护老人之家立花之园白线台

邮政编码：183-0011 地址：日本东京都府中市白线台 6-2-17

Tel 81-042-358-0211　Fax 81-042-335-7717

5. 社会福祉法人茶屋福祉纪念会茶屋德重保育园

邮政编码：458-0811 地址：日本爱知县名古屋市绿区鸣海町字神之仓 3-4

Tel 81-052-203-0576

作者专著

①A Case Study of Sunshine College's Policy and Administrative Dimensions for Teaching Conversational English to

Japanese Students，福特汉姆大学教育学研究生院，1989 年 2 月。

②《成为社会福祉士、介护福祉士的方法》，日本实业出版社，1996 年 3 月。

③《教育，重在提高后进生》，Minerva 书房，1997 年 10 月。

④《轻松搞定保育士考试》，梧桐书院，1998 年 12 月。

⑤《福祉工作一目了然》，日本事业出版社，1999 年 5 月。

⑥《二十一世纪大学教育改革》，Minerva 书房，2001 年 11 月。

⑦《二十一世纪高龄者福祉》（第 3 版），Minerva 书房，2001 年 11 月。

⑧《レポート、实验はこう書く 社会福祉要说（修订版）》，Minerva 书房，2001 年 12 月。

⑨《二十一世纪高龄者福祉和医疗》，Minerva 书房，2003 年 3 月。

⑩《保育儿童福祉要点概论》，中央法规出版株式会社，2004 年 2 月。

⑪《教职科目要点概论（中等教育编）》，Minerva 书房，2007 年 5 月。

⑫《教职科目要点概论（初等教育编）》，Minerva 书房，2007 年 6 月。

参考文献

[1] WILLIAM K C. Education and equality in Japan [M]. New York: Princeton University Press, 1990.

[2] WILLIAM G. Schools without failure [M]. New York: Harper & Row Publishers, 1969.

[3] TSUNEO N. A case study of sunshine college's policy and administrative dimentions for teaching conversational English to Japanese students [M]. New York: Fordham University Press, 1989.

[4] THOMAS P R. Japan's high schools [M]. Berkeley: University of California Press, 1983.

[5] CHARLES E S. Crisis in the classroom [M]. New York: Random House, 1970.

[6] KENNEDY D. Academic duty [M]. Boston: Harvard University Press, 1997.

[7] 麻生诚，潮木守一. ヨーロッパ、アメリカ、日本の教育风土 [M]. 东京：有斐阁新书，1978.

[8] 天城勲. エリートの大学、大衆の大学 [M]. 东京：サ

イマル出版会，1979.
[9] 川成洋．だから教授は辞められない——大学教授解体新书［M］．东京：ジャパンタイムズ，1995.
[10] 佐藤和夫．アメリカの社会と大学［M］．东京：日本评论社，1990.
[11] 戈登．亲业［M］．近藤千惠，译．东京：サイマル出版会，1977.
[12] 野口悠纪雄．“超”学习法［M］．东京：讲谈社，1995.
[13] 基诺特．先生と生徒の人间关系［M］．久富节子，译．东京：サイマル出版会，1978.
[14] 福祉士养成讲座编辑委员会．社会福祉士养成讲座（9）：社会福祉援助技术各论Ⅰ［M］．东京：中央法规出版株式会社，1992.
[15] 堺屋太一．“次”はこうなる［M］．东京：讲谈社，1997.
[16] 森田保男，大槻博．实践的大学教授法［M］．东京：PHP 研究所，1995.
[17] 文部省大臣官房调查统计课．文部统计要览［M］．东京：大藏省印刷局，1997.
[18] 米盛干雄．文部省名鉴（1996 年）［M］．东京：时评社，1996.
[19] 同盟通讯社．全国官公界名鉴［M］．东京：同盟通讯社，1997.
[20] 加藤义明，家田紘一．图说教育心理学入门［M］．东

京：建帛社，1987.

[21] 铃木正幸. 比较教育论 [M]. 大阪：兵库县近畿大学丰冈短期大学通信教育部，1996.

后　　记

我在时任 Minerva 书房总编的杉田启三先生（现任社长）的建议下开始撰写本书，杉田先生在日本教育学领域造诣颇深。书中所论述的关于美国的教育体系，以及在东京和名古屋的专科学校如何运用美国教育体系进行教育实践的两部分内容都是我亲身体验过、实践过的真实情况，专栏里还介绍了我在我校全体教职工会议上的部分讲话。

在书中我多次强调了美国和日本教育体系的差异，突出了美国教育（特别是高等教育）体系的优势。请不要把我当作一个完全关注美国，或崇洋媚外的人，其实我是一个尊敬日本国民、比谁都爱自己祖国的人。正因为我是一名彻底的爱国者，所以才写下此书，希望通过教育方法的改善，让日本成为一个更好的国家。

回顾历史，日本自古以来就依靠引进国外先进文化和技术发展国力。第二次世界大战后，来自美国的麦克阿瑟为使日本不重蹈战争的覆辙，颁布了新民主宪法，将日本打造成了一个近代世界上相对少见的民主平等的国家。

“平等”在学校教育领域十分重要，但是，“平等”的含义不知从何时开始在变质，成了“大家都一样，并列排排站”的意思，变得不注重个人潜力的提高和培养，泯灭了那些优秀的拥有独特个性、非凡才能、优异创造力的孩子的潜力。其实对于今后的时代而言，培养优秀、具有领导能力的孩子也同样重要。

为什么我读研究生选择美国而不是日本呢？其中有几个原因，最大的原因是美国的大学重视个性及多样性培养，并且提供有针对性的指导，对于像我这样一个外籍中年学校经营者，美国的大学也同样给我提供了学习机会，并可以把我培养成一位专家。福特汉姆大学和哈佛大学根据每个人的不同水平、特点和目标，采取严格且细心的指导。总之，美国的大学和食堂不同，不会去定制固定不变的套餐菜单，美国的大学欢迎来自世界各地的学子，拥有不同年龄和不同特征的学生，能够实施培养个人真正能力的教育。

在美国读大学，要做的不只是听教授讲课和做笔记。每门科目附带的参考书目多达 30 本左右，必须从中选读几本自己感兴趣的书籍。在阅读的基础上，还要结合自己的想法写出论文，从教授那里得到及格分。如果论文仅仅在复述教授的讲话就只能得零分了。总之，一定要写出体现出自己独创观点的论文给教授审阅。教授不会轻易说好，这意味着学生需要不断修改重写，但是学生可以问很多问题，有问题就可以在课堂上随时举手提问，学生也可打断教授的讲话，向教授提出问题，这在美国是被认可和赞赏的行为。这样一来，教授就可以知道学生在课堂上的理解程度，掌握学生想知道的知识面，接下来在课堂上调整授课内容。教育不是仅凭一次论文考试就将学生淘汰，教授在确定分数前，要让学生一遍遍重写，直到学生的能力提高到要求的水平。对我来说，我既是教育者，又是学校经营者，我在美国主修教育行政管理学期间研究了有效的教学方法，该领域的专业知识无疑对我的工作帮助甚大。我在美国的学习还起到了另外一个作用，就是让我学会了换位思考。我在日本虽然被尊称为“校长先生”，但我在美国却是一个在教室的某个角落里默默努力的一名普通学生，我懂得学生的感受，可以从学生的角度思考什么是优质教育。

为了日本的将来，也为了日本的教育变得更好，我认为要学习美国的长处。我们要培养的人才必须能够思考没有唯一正确答案的问题，能够不拘一格，具有独立的思考能力和解决问题的能力。不管中层管理人员有多优秀，今后如果不加强顶层设计，国家和企业都不会得到进一步的发展。从小学到高中拼命学习，进入大学后就完全放松，在目前这样的学习状况下，日本将无法培养出具有优秀领导能力的顶尖人才。这种情形不由得让人担心起日本的将来，我自称自己有爱国情怀，原因就在这里。

今后的日本所有的物品都将变得商品化，在供应商的自由竞争和在消费者严格挑选的磨炼下，社会需要彻底地提高效率，不断地进行多样化发展。

20世纪80年代初，美国和英国首次提出这样的观点，“广大消费者的选择才是正确的”，“能卖出去的东西才是好东西”，这正是站在市场经济和消费者的立场上的一种看法。在信息快速传播、生产多样化、物流快速便捷的今天，消费者可以根据自己的喜好做出选择，其结果是，以最佳手段和最低价格销售受宠商品的企业才能成为真正的市场强者，才有正当的权利扩大规模，增加利润。

日本曾在20世纪80年代被称为发达国家，现如今却被飞速发展的世界抛在后面，俨然成了一个发展滞后的国家。

今后，愈发有必要培养能解决大量问题的实用人才、不拘一格的人才、能解决没有正确答案的问题的人才，能够想出具有独创性答案的人才。

希望本书能为关心教育的各位同仁抛砖引玉，也为培养优秀的领导人才，为日本将来的发展起到一些作用。

在本书的编写过程中，学校法人阳光学园、学校法人茶屋四郎次郎纪念学园的各位教职员工一直耐心配合我的工作，为我提供了不少关照和帮助，你们辛苦了！感谢各位教师协助参与了资料的收集与整理、文章的校对等工作。也感谢在福特汉姆大学曾经悉心教育我、培养我，令我怀念至今的安东尼·巴拉塔博士，马克思·华纳前教育学研究生院院长、已故的杰瑞·奎恩博士，已故的托马斯·莫尔金博士，社会福祉学研究生院院长玛丽·安·库瓦兰达博士，玛莎·比亚尔教授，加利福尼亚州立大学教授约翰·A. 麦金斯托利博士，以及生育我、抚养我的母亲中岛范女士，可以说没有他们的鼎力相助，本书的修订版就不会得以顺利出版，值此机会在此表示由衷的感谢。

东京福祉大学创立者　中岛恒雄

2007 年 3 月

译　后　记

本书作者中岛恒雄博士从事开创性的高等教育研究与实践，创办了东京福祉大学及其他研究机构。译者有幸在东京福祉大学从事教育工作 7 年有余，十分赞同中岛博士的教育理念。“没有学不好的学生”，“做学问，就要发现并解决现实问题，对社会做贡献”，“学习了，就必须改变自己，让自己变得更加优秀”等，这些语句平铺直叙，朴实无华，却又振聋发聩，耐人寻味。

留日十余载，回国后在高校工作之余，时而想起中岛博士的话语。从应试教育的弊端、高等教育的使命，到学生自主学习的引导、教师对每一位学生的关怀等，虽然本书谈论的是日本的高等教育，但这些话题在中国同样重要，能够说到老师们的心坎里去。我相信读完本书的读者，在掩卷之余，定会引起种种的联想与思索。

本书为了吸引更多读者，在译文把握这一问题上采取了“忠于原文、通俗易懂”的原则。对于涉及中国读者较为陌生的术语，采用直译加脚注的方式一一译出，尽量使译文忠实于原著，以供读者理解和参考。

出版之际，译者首先要感谢作者中岛恒雄博士的厚爱与信任。其次，衷心感谢陈义华教授的终审和曹春玲教授的初审工作，感谢华中师范大学出版社编辑人员的辛勤劳动，他们在本书审校出版过程中给予了全力协助。同时也感谢海南师范大学外国语学院 2017 级日语专业学生谢宇彤、吴红坚、刘心怡、刘文滟、李嘉欣、江纯、黄甜甜、赖若佳、黄润萍、蔡梦琦、贺诗珍、潘志延等同学，在初译过程中提供了诸多帮助。最后，本书的出版得到海南师范大学外国语学院的鼎力支持，荣幸地被选入海南师范大学的“天涯丛书”，在此一并致谢。

汪宇

2023 年 12 月

于海南师范大学